부동산
위기인가
기회인가

부동산 위기인가 기회인가

초판 1쇄 발행 | 2016년 12월 14일

지 은 이 | 한상완
펴 낸 이 | 차현미
기   획 | Lucy, 조병학
마 케 팅 | 권순민 김경환 오성권
표   지 | 강수진
내   지 | 롬디
인   쇄 | 영신사
제작총괄 | 조종열
발 행 처 | (주)인사이트앤뷰
등   록 | 2011-000002
주   소 | 서울시 구로구 경인로 661
전   화 | 02) 3439-8489
이 메 일 | insightview@naver.com

ISBN 979-11-85785-29-5 03320

값 15,000원

부동산 디플레이션에 대비하라

부동산
위기인가
기회인가

지은이 한상완

인사이트앤뷰

경험하지
못한
변화가 온다.

나는 지금부터 현금의 위력에 대해서 말하고자 한다.

현금이란 정말 대단한 놈이다. 물건값을 후려쳐서 말도 안 되는 값에 깎아 사면서도 '고객님 감사합니다~' 소리를 들을 수 있고, 쥐꼬리만 한 월급을 주면서도 '사장님 감사합니다!' 소리를 들을 수 있다. 현금은 그 어떤 투자자산과 비교해서도 가장 안전한 자산이며, 카드가 통하지 않는 위급 상황에서도 비상금으로서 당당하게 빛을 발한다.

그런 현금이 요즘 홀대받고 있다. 마치 현금을 가지고 있으면 당장 커다란 손해를 볼 것인 양 0.5%p 이자를 더 얹어준다면 미친 듯이 현금이 몰린다. 아파트로 상가로 조금이라도 수익이 나올 법한 투자처가 나타나면 미련 없이 현금을 버린다. 현금은 투자 매력이 별로 없다고 생각하는 모양이다.

우리 사회는 현금에 대한 인식이 많이 왜곡되어 있다. 한국전쟁 이후 근 70년간 인플레이션의 시대가 지속하여 왔기 때문이다. 전쟁 직후 1인당 국민소득이 100달러도 채 안 되던 나라가 지금은 3만 달러를 넘보는 세상으로 뒤바뀌었으니 그야말로 상전벽해라고 해도 과언이 아니다.

그새 물가는 하늘 높은 줄 모르고 치솟았다. 1970년대 평당 1,000원이면 사던 땅이 지금은 1,000만 원에 육박하니, 현금을 가지고 있으면 바보라고 할 밖에. 이렇게 우리는 모두 인플레이션만 보고 살아왔다. 인플레이션 시대에 현금은 물가 방어가 안 되는 종이 쪼가리에 불과하다. 수익률이 3%에 불과한 부동산에라도 미련 없이 현금을 던져 버리는 것이 올바른 선택이었다.

그렇다. 이런 선택은 인플레이션이 지속하는 상황에서는 항상 '참 *True*'이다. 그러나 더는 인플레이션이 일어나지 않는 세상이라면 '거 짓*False*'이 된다. 그래서 선택의 원칙이 바뀌어야 한다. 인플레이션이 없다는 것은 현금의 가치가 떨어지지 않는다는 의미다. 부동산을 사 봐야 수익이 별로 나지 않는다는 말과 같다.

이런 상황이라면 현금을 보유하는 것이 부동산을 보유하는 것보 다 유리하다. 현금은 언제든지 부동산으로 바꿀 수 있지만, 부동산 을 현금으로 바꾸기는 쉽지 않다. 즉 선택의 원칙은 인플레이션 파 이팅*Inflation Fighting,* 실물 자산 보유이 아니라 유동성 추구*Liquidity Seeking,* 현금 자산 보유 로 바뀌어야 한다.

현금은 부동산의 반대말이다. 부동산 가격이 오른다는 말은 현금 의 가치가 떨어진다는 의미다. 반대로 부동산 가격이 내려간다는 말 은 현금의 가치가 오른다는 의미다. 생각해보면 간단하다. 아파트 가격이 2억 원에서 4억 원이 되면, 현금 2억 원으로는 아파트를 반 채밖에 살 수 없게 된다. 현금의 가치가 절반으로 떨어진 것이다. 반 대로 2억 원짜리가 1억 원으로 가격이 내려가면 현금 2억 원으로 두 채를 살 수 있게 된다. 그만큼 현금의 가치가 올라간다. 따라서 부동산의 위력이 약해진다는 것은 현금이 위력을 발휘한다는 것을 의미한다.

그렇다. 부동산은 점점 위력을 잃게 될 것이다. 지금 우리 경제는 성장률은 낮아지고 물가 상승이 일어나지 않는 경제로 접어들었다. 경기 순환 국면에서 일시적으로 성장률이 낮아지고 물가가 안정되는 모습이 절대 아니다. 이것은 경제 구조적인 문제다. 다시 경기가 좋아지기도 어렵고 물가 상승도 일어나기 어려워졌다.

고령화와 성장 정체가 우리의 발목을 잡고 있다. 부동산 가격은 성장과 물가를 반영한다. 따라서 저성장─저물가 시대에는 부동산 가격도 느린 속도로 상승할 수밖에 없다. 물론, 그래도 2030년까지는 인플레이션 구간이다. 2030년 이후부터 우리 경제는 디플레이션 구간으로 진입하게 될 가능성이 크다.

그런데도 투자 패턴은 1970년대 초고속 성장 시대를 답습하고 있다. 현금은 생기는 대로 빨리 부동산이나 수익형 금융자산으로 바꿔놔야 안심이 된다. 현금을 유동성이라고 부르는 근본 이유, 즉 '현금의 구매력이 지닌 위력'은 안중에도 없다. 과거의 경험에만 의존하여, 세상이 달라졌는데도 과거의 성공 경험을 답습하고 있기 때문이다.

* 학계에서는 나그네쥐의 자
율적인 개체 수 조절 기능의
일환인 것으로 파악하고 있
는 듯하다.

레밍스라고 부르는 들쥐가 있다. 우리말로는 '나
그네쥐'라고 한다. 이 쥐는 이상한 속성을 지녔다.
들판에서 나그네처럼 몰려다니다가 어느 날 절벽
에서 떼로 떨어져 죽는다. 앞에 가던 쥐가 떨어져 죽는 것을 보면서
도 멈출 생각을 하지 않는다. 그냥 아무 생각 없이 앞에 가는 쥐가 하
는 대로 뒤따라 한다.* 우리도 과거의 성공 경험을 그대로 답습한다.
입으로, 머리로는 새로운 세상이 왔음을 이야기하면서도 행동에는
아무 변화가 없다.

지난 70년은 앞사람을 따라 하기만 해도 성공했다. 남들이 하는
대로 돈이 생기는 대로 부동산에 묻어두면 무서울 정도로 값이 올랐
고 재산이 증식되었다. 강남에 밭이라도 한 마지기 사두었다면 지금
은 자손 대대로 놀고먹는 인생이 되었을 수도 있다. 굳이 강남이 아
니더라도 아무 밭이나 사두었다면 지금은 상당한 재력가가 되었을
것이다.

하지만 이제부터는 아니다. 부동산은 현금화가 안 되는 '부동不動'
자산으로서 처치 곤란한 애물단지가 될 것이다. 부동산은 현금화가
안 되면 '헛것'이다. 땅을 파먹을 수는 더욱 없다. 임대료가 나오는

상가도 사정은 크게 다르지 않을 것이다. 목돈이 필요하다 해도 처분이 쉽지 않을 것이다. 지금은 천정부지를 치솟고 있는 상가 몸값이 앞으로는 크게 하락할 가능성이 크기 때문이다. 더구나 공실률이 올라가면 임대료도 나오지 않는 흉물 상가로 변할 가능성도 크다. 물론 지역에 따라 편차를 보일 것이다. 그래서 어떤 지역, 어떤 물건이냐에 따라 천당과 지옥으로 양극화할 것이다.

'저금리−저물가 시대', '고령화−저성장 시대'는 '디플레이션 시대'와 같은 말이다. 디플레이션 시대에는 현금이 위력을 발휘한다. 과거를 지배해왔던 '부동산 불패'의 신화는 이제는 존재하지 않는 '신화'가 될 것이다. 이제부터 우리는 새로운 패러다임으로 들어가게 될 것이다. 그것은 지금까지 경험하지 못한 미지의 영역이며, 따라서 과거의 경험을 답습해서는 안 된다는 것을 의미한다.

경제나 국운이라는 것은 장기 사이클이 있다. 수십 년간 지속하는 구조적 패러다임이다. 지난 70년간 우리가 확장 패러다임을 지속했다면 이제부터는 수축 패러다임에 진입할 것이다. 인플레이션 시대에서 디플레이션 시대로 진입함을 의미한다. 통일이나 전쟁과 같이 구조 자체를 바꿔서 패러다임마저도 무의미하게 만드는 특별

한 사건이 발생하지 않는다는 전제하에 이번 디플레이션 시대는 향후 수십 년을 지배하게 될 것이다. 한 번 크게 확장했으니 그만큼 수축하는 것은 어쩌면 당연한 일이다. 더 멀리 뛰기 위한 준비일 수도 있다.

새로운 확장기를 맞이하기까지 우리가 아주 오랫동안 수축해야 한다는 사실은 바뀌지 않는다. 그 수축기 동안 우리는 어찌해야 할까. 우선 과거의 경험은 별 도움이 되지 않는다. 경제를 보는 관점을 새롭게 해야 하며, 그에 걸맞게 대응해야 한다. 자산 배분이나 지역 배분이 완전히 달라져야 함은 말할 것도 없다.

이 책에서는 그런 이야기를 할 것이다. 먼저 새로운 시대에 우리 경제의 모습은 어떤 것일지를 그려본다. 물론 우리가 가보지 않은 길이지만, 통계에 근거하여 어느 정도는 예측할 수 있다. 이를 위해서 우리는 통계를 들여다볼 것이며, 이웃 나라의 경험도 살펴볼 것이다. 그렇게 그려낸 우리 경제의 새로운 모습에 대응하기 위해서는 어떻게 자산 배분 원칙을 세워야 하는지를 그려볼 것이고, 이론적 기초에서부터 현장의 소리까지 빼놓지 않고 반영할 것이다.

여러분은 이미 새로운 세상에 들어와 있다. 여러분 입으로, 머리로 그것을 말하고 있지 않은가? 다만 그에 맞는 행동이 뒤따르지 못하고 있을 뿐이다. 새로운 세상이 그리 녹록한 세상은 아닐 것이다. 그렇지만 또 감당하지 못할 세상도 아니다. 제대로 대응만 한다면 오히려 새로운 기회가 열린다.

여러분의 미래는 여러분이 하기 나름이다. 새로운 패러다임을 꿰뚫어보는 혜안만 있다면 말이다.

Contents

제1장
경제는 인구 파동이다.

제2장
앞으로 40년, 현금이 왕이다.

제8장

2030년 이후 주택시장 조감도

제9장

부동산, 새로운 눈으로 보라.

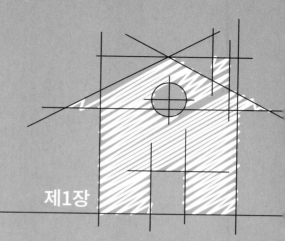

제1장

경제는 인구 파동이다.

우리가 알던
패러다임이
변했다.

우리는 디플레이션 위기와 마주하고 있다. 현재 우리 경제가 디플레이션에 빠졌다고 할 수는 없다. 그러나 2020년을 넘어가면 디플레이션 상태에 빠질 가능성이 매우 크다. 사실 어떤 면에서 보면 우리는 이미 디플레이션 언저리에 도달했다. 요즘 뉴스를 보면 저성장, 저금리, 저물가 이런 목소리가 커졌다. 저출산, 고령화라는 말도 이제는 조금도 낯설지 않다. 이 단어들의 뜻은 서로 다 다르다. 하지만 본질은 같은 뜻이다. '성장 정체'라는 의미이다.

디플레이션의 사전적 의미는 경제 전반의 물가 수준이 하락하는 것이다. 요즘 우리 경제는 성장률 2%대, 물가 1%대의 상황에서 헤매고 있다. 벌써 몇 년간 지속하여온 모습이다. 여기서 조금만 더 나빠지면 마이너스 성장률과 마이너스 물가를 보게 될 수도 있다. 그러니 지금 디플레이션 목전에 와있다고 봐도 무방할 것이다. 디플레이션이 온다면 그 영향은 정말로 상상할 수 없을 정도다. 그래서 경제주체로서 여러 가지 선택과 의사결정의 기준과 방식이 달라져야 한다. 특히 디플레이션 같은 거대한 패러다임의 변화는 더욱 그렇다. 기존의 기준과 방식을 고집할 때는 자칫 커다란 낭패를 볼 수 있다.

예를 들어 보자. 서브프라임 사태를 기준으로 우리 부동산 시장에 아주 조그마한 패러다임 변화가 발생했다. 본질적인 것은 아니다. 중소형 아파트의 부상이 그것이다. 저자는 이 패러다임 변화를 이미 2010년 2월에 발간한 저서 〈경제를 보는 두 개의 눈〉에서 최초로 예견한 바 있다. 그 책을 집필하던 시기는 2009년 하반기였다. 2000년대는 대형 아파트에 대한 광풍이 불었다. 그리고 2008년 서브프라임 사태가 터졌다. 버블 세븐 아파트들이 '반값 아파트'가 되었다. 저가 매수의 기회가 왔다. 꽤 많은 투기꾼이 기존의 공식대로 대형 아파트를 매집했다. 2009년 말에는 아파트 가격이 서브프라임 사태 이전 수준에 상당히 근접할 정도로 회복되었다.

그때까지만 해도 대형 아파트를 저가 매수한 투기꾼들은 좋다고 했다. 그리고 2010년부터 다시 가격이 하락했다가 최근 회복되는 과정에서 중소형이 주목을 받게 되었고 대형 아파트는 찬밥 신세를 면하지 못하고 있다. 그때 대형 아파트를 사들인 투기꾼들은 지금은 어떻게 되었을까? 지역에 따라 다소 차이가 있긴 하지만, 아직도 그때 매수가격을 밑돌거나 간신히 본전인 경우가 많다. 헐값에 처분하지 못해서 물려있는 사람도 허다하다.

여기서 몇 가지 질문을 해보자. 첫째 디플레이션 오나? 둘째 얼마나 오래갈까? 셋째 어떤 일이 벌어지나? 이 세 가지다. 이 세 가지를 알아야 현명한 선택을 할 수 있다. 서브프라임 사태로 인한 위기가 틀림없이 부동산 저가 매수 기회였다. 이런 기회가 또 한 번 있었다. 박근혜 정부 출범 시기인 2013년 상반기였다. 이때 아파트를 매수한 사람들은 대부분 돈을 벌고 있다. 그러나 서브프라임 사태 당시 패러다임을 잘못 읽은 대형 아파트 매수자는 아직도 고생하고 있다. 그만큼 현명한 선택이 중요한 것이고, 현명한 선택을 위해서는 패러다임 변화를 알아야 한다.

패러다임 변화는 알아채기가 어렵다. 서브프라임 사태 당시에 앞으로는 중소형이 대세가 될 것을 누가 알 수 있었을까? 아파트는 한번 지어놓으면 수십 년을 사용한다. 2000년 이전까지는 중형 아파트가 대세였기 때문에 대형은 지어놓은 것이 별로 없었다. 그런데 2000년대 들면서 사람들이 갑자기 대형 아파트를 선호하는 현상이 유행처럼 번졌다. 지어놓은 대형은 없는데, 수요가 급증하니 대형 아파트가 갑자기 귀한 대접을 받게 되었다. 좀 유식한 말로 낙양의 종잇값 올라가듯 가격이 치솟았다.

서브프라임 사태 때까지도 대형 아파트에 대한 사람들의 믿음은 대단했다. 저자는 그때 우리 인구구조를 현재 상태는 물론 전망까지 샅샅이 다 훑었다. 물론 미국과 일본의 사례도 모두 연구했다. 그리고 부동산 핵심 수요층의 핵가족화로 인하여 중소형이 주목받게 되는 소위 패러다임 변화를 예견했다.[*] 특히 대형 아파트의 최대 수요층이었던 우리의 전후 세대들이 자식을 출가시키면서 대형 아파트는 오히려 짐만 될뿐더러 은퇴 이후 소득원으로서의 가치도 사라져 자산 처분에 나설 것으로 보았다. 대형에서 중소형으로 갈아탈 수밖에 없는 상황이었다.

하지만 이렇게 방대한 경제 통계를 다 읽고 해석하고 그 결과로 미래의 패러다임 변화를 예견하기란 말처럼 쉽지는 않다. 그래서 지금부터 우리 경제의 패러다임 변화를 짚어보는 작업을 조금 해야 하겠다. 그중에서 가장 중요한 것이 디플레이션 현실화 가능성이다. 이것은 패러다임 변화 중에서도 수소 폭탄급 위력을 가진 패러다임이다.

그런 연후에 새로운 패러다임에서의 자산 배분 전략을 짚어볼 것이다.[**] 사실 우리 국민에게 자산 배분이란 상당히 낯선 이야기다. 자산의 80%가 부동산에 편중된 상황이기 때문이다. 뭐, 그만큼 부동산값이 비싸서 자산 배분을 생각하는 자체가

[*] 요즘은 잘 알려진 이야기이겠지만, 부동산 시장에 인구구조론을 처음 소개한 책이 《경제를 보는 두 개의 눈》이다. 이외에도 인구구조와 부동산 시장의 수급 전망 등을 기초로 상당히 많은 변화와 전망 등을 내놨는데, 지금의 부동산 버블은 부동산 시장 수급으로 예견했었다.

[**] 부동산도 자산 배분의 한 수단으로서 짚어볼 것이고, 가장 비중 있고 상세하게 다룰 것이다. 다 읽고 나면 알게 되겠지만, 지금 부동산 시장 전망이라는 것은 대부분 잘못된 부분이 많다. 그리고 대부분이 맞는다고 해도 한 가지만 잘못되면 모든 투자가 실패하게 마련이다.

부자만 가능한 일종의 사치라고 할 수도 있다. 그런데도 최소한 이번에는 심각하게 고민해봐야 한다. 그만큼 패러다임 변화가 크기 때문이다.

한국의
전후 세대와
인구구조

　　진도를 더 나가기 전에 디플레이션이 뭔지 명확하게 짚어보자. 디플레이션의 사전적 의미는 '경제 전반에서 상품과 서비스의 가격이 하락하는 현상'을 말한다. 어느 한 상품의 가격 하락을 디플레이션이라고 하지 않고 전반적인 물가 수준이 하락할 때만 디플레이션이라고 한다.

　　디플레이션을 초래하는 원인은 여러 가지가 있을 수 있으나, 크게 구분하면 공급자 요인과 수요자 요인의 두 가지다. 공급자 요인이란 기업의 생산성 향상이나 원자재 가격 하락에 따른 상품의 판매가격 하락이다. 철광석 가격이 하락하면 철근 가격이 하락하는 것처럼 원유, 원자재, 곡물 등의 가격이 전반적으로 내려가며 물가가 하락하는 현상과 같다. 수요자 요인은 여러 가지 요인으로 수요가 줄면서

가격이 내려가는 현상이다. 일반적으로 원자재
가격 하락으로 물가가 하락하는 것은 좋은 것으로
받아들이고 수요가 줄어들어 물가가 하락하는 것
은 나쁜 것으로 보면 된다.[*]

* 때론 서로 연관된 경우가 많
아서 이런 주장이 항상 성립
하는 것은 아니다.

인구구조는 곧바로 수요에 투영된다. 수요는 [1인당 소비×사람
쉬]이다. 1인당 사과 1개를 먹는다고 가정하면, 100명이 있다면 100
개를 소비할 것이고 1,000명이 있다면 1,000개를 소비할 것이다. 인
구가 3천만 명에서 5천만 명으로 늘어나면 3천만 개에서 5천만 개로
사과 소비는 늘어난다.

반대로 인구가 5천만 명에서 3천만 명으로 줄어들면 사과 소비도
그에 따라 5천만 개에서 3천만 개로 줄어든다. 과수원에서는 5천만
개의 사과를 생산하고 있는데, 소비가 3천만 개로 줄어들면 갑자기
2천만 개만큼 공급과잉이 되고 이에 따라 가격은 하락한다. 다른 모
든 상품과 서비스도 동시에 똑같이 적용된다. 따라서 인구가 감소하
면 모든 상품과 서비스 가격이 동시에 하락한다. 이것이 사전적 의
미의 디플레이션이다.

이제부터 우리나라의 인구구조를 샅샅이 짚어보자. 우리나라에
도 베이비 붐 세대가 있다. 베이비 붐 세대*Baby Boomer*는 전쟁이나 대공
황과 같은 불경기 이후 사회적, 경제적 안정기를 맞이하면서 태어난

세대를 말한다. 대체로 전쟁 후에 태어난 전후 세대이다. 전쟁으로 헤어졌던 부부가 만나서, 또 전쟁 때문에 결혼을 못 했던 청춘남녀가 결혼해 아이를 낳으면서 베이비 붐이 생기는 것이다.

전후 세대는 나라마다 전쟁 시기가 달라서 연령대도 다르고 기간도 다르다. 미국과 일본은 2차 세계대전 이후에 베이비 붐 세대가 형성되었다. 뒤에 상세하게 설명하겠지만, 먼저 간단하게 소개하면 미국은 1946~1965년의 20년 동안 매년 400만 명 이상이 태어났다. 20년 동안 개마고원 같은 인구 층이 형성되었다. 나는 그래서 이것을 고원형高原型 인구구조라고 부른다. 반대로 일본은 1947~1949년의 단 3년 동안 무려 806만 명이 태어났다. 그 이후부터는 출생아 수가 급감한다. 인구구조를 보면 마치 뾰족한 탑과 같은 모양이다. 그래서 나는 이것을 첨탑형尖塔型 인구구조라고 부른다.

우리나라의 베이비 붐 세대는 한국전쟁 이후에 형성되었다. 대체로 1955년부터 1963년 사이에 태어난 사람들을 전후 세대라고 부른다. 하지만 나는 1955~1974년까지 20년을 전후 세대로 정의한다. 인구총조사 통계를 보면, 전반 10년은 매년 90만 명 내외가 태어났고, 후반 10년은 매년 80만 명 내외가 태어났다. 이렇게 보면 우리나라는 약 20년간의 탄탄한 인구 층을 가지고 있다. 미국과 유사한 고원형이다. 1974년 이후부터는 연도별 출생아 수가 지속해서 줄어들어 2000년대에는 50만 명을 밑돌고 있다. 조만간 40만 명도 깨지게 될 것 같다. 이유는 간단하다. 우리의 합계출산율이 1.2명 내외로 세계에서 가장 낮기 때문이다. 2명이 결혼해서 1.2명만 출산하니 약 40년을 주기로 연도별 출생아 수가 반감半減될 수밖에 없다.*

* 30년을 전후하여 출생 사이클이 완성된다고 가정할 경우, 1.2명의 합계출산율이면 최대 40년이면 출생아 수가 반감한다.

1974년이 문제가 되는 이유는 산아제한정책 때문이다. 그 당시에는 우리나라에 일자리 자체도 많지 않았다. 고 박정희 대통령은 '가난한 나라가 일자리도 없는데 아이만 많이 낳아서 어떻게 책임을 질 것인가?' 하는 걱정을 했던 모양이다. 나중에 다시 기술하겠지만, 체력만 국력이 아니고 인구도 국력이라는 사실을 몰라서 생긴 일이다.

하여간 1973년부터 산아제한정책이 나왔다. '아들딸 구별 말고 둘만 낳아 잘 기르자!' 이런 표어가 나왔고, 몇 년 후에는 '잘 기른 딸 하나 열 아들 안 부럽다!'와 같은 포스터가 곳곳에 나붙었다. 그냥 놔둬도 출산율 하락은 예정된 것이었는데, 산아제한정책까지 적극적으로 구사했으니 출생아 수가 줄어드는 것은 당연한 일이다.

중국에 관해서는 자세히 기술할 생각이 없으니 여기서 잠시 설명하고 넘어가자. 중국은 1980년대 초반부터 산아제한정책을 시작했다. 그때는 우리나라 경제개발전략을 열심히 따라 할 때니 산아제한정책도 똑같이 뒤따라 했다. 우리나라 산아제한정책과는 10년 가까이 차이가 나니 중국도 10년쯤 지난 후부터는 우리와 비슷한 인구 문제에 봉착하게 될 것이다.

사실 중국은 우리보다 유리하다. 일본과 우리가 겪는 문제를 보아왔기 때문에 이미 산아제한정책이 초래할 부작용을 해소하기 위하여 다산소사多産少死로 정책 방향을 선회했다. 하지만 성공할지는 미지수다. 나는 개인적으로는 부정적으로 본다. 중국의 체제나 제도를 고려해서 하는 말이다.

그렇다면 앞으로 우리도 미국처럼 튼튼한 원통형 인구구조를 가질 수 있을까? 원통형 인구구조를 가지기 위해서는 출생아 수가 줄어들어서는 안 되며, 합계출산율이 2.1명 수준으로 다시 올라가는 모습을 보여야 한다. 그러나 불행하게도 우리는 합계출산율이 일본보다도 낮다. 낮은 정도가 아니라 세계에서 가장 낮다. 일본은 합계출산율이 1.3~1.4명 수준을 기록하는 데 반해 우리는 1.2명 수준을 지속하고 있다.

10여 년 전에 국내 모 경제연구소에서 〈늙어가는 대한민국〉이라는 책을 발간한 적이 있었다. 저출산-고령화 이슈는 지금은 많은 사람이 알고 있기도 하고 사회적 과제 1순위로 올라와 있지만, 그때만 해도 대다수가 그런 생각을 하지 않았다. 당시에는 인구구조 문제를 일반인이나 정책당국자가 별로 주의 깊게 보지 않았기 때문에 제목 자체가 충격적이었다. 그 책 역시 연구자들 사이에만 회자하는 정도에 그쳤다.

하지만 그 책은 사실 매우 중요한 의미가 있는 책이었고, 훨씬 더

일찍 출간되었어야만 했다. 왜냐하면, 인구구조라는 것이 하루 이틀 사이에 고칠 수 있는 것이 아니기 때문이다. 2010년생들은 이제 더는 태어날 수 없을뿐더러 인제 와서 새롭게 수를 늘리는 것도 불가능하다. 2011년생, 2012년생도 다 마찬가지다.

　요즘은 '아이가 울지 않는 나라'라는 이야기를 많이 한다. 새롭게 태어나는 아이가 없어서다. 서울의 초등학교에 가보면 아이들이 없어서 한 학년에 두세 개 학급을 구성하기에도 빠듯하다. 시내 한가운데는 한 학급도 만들지 못한다. 농촌으로 가면 더 심각해진다. 아예 새롭게 태어나는 아이를 구경하기 어렵다. 합계출산율은 1.2명 내외에서 벗어나지 않고 있다. 세계 꼴찌다.

　노인의 수명은 점점 더 연장되어 이제 70대에 사망하면 호상好喪 취급을 받지 못한다. 그러다 보니 우리나라 전국 지자체 10곳 중에서 4곳이 초고령이다. 초고령이란 65세 이상 노인 인구 비율이 20%를 넘어서는 지역을 말하는데, 광역시보다는 도道, 시보다는 군에 몰려있다. 초고령 전국 최고인 전남 고흥은 38.5%에 달한다. 인구 100명 중 39명이 65세 이상이라는 이야기다.

　이와 같은 문제를 도시공학자들은 10년도 훨씬 이전부터 알고 있었다. 언젠가 세종시 행정수도 이전에 대한 위헌 논란이 있었다. 고 노무현 대통령이 탄핵을 당했던 바로 그 세종시 논란이다. 우여곡절

끝에 세종시를 만들기로 하긴 했는데, 이것이 탄핵 열풍과 함께 반쪽짜리 도시가 되어버렸다. 애초 계획에 훨씬 못 미친 것이다. 그 후 세종시를 활성화하는 방안에 골몰하게 되었다. '자족도시가 되기 위해서는 인구가 몇십만은 되어야 하는데 공무원 이전만으로는 어렵다.'는 논란이었다. 그래서 '대학을 옮긴다, 기업을 유치한다, 벤처생태계를 구축한다.'는 등의 아이디어들이 무성하게 제기되었다.

서울의 모 대학 도시공학과 원로 교수로부터 자문받기 위한 식사 자리에서 나눈 이야기다. 그분은 고개를 갸우뚱하면서 "글쎄요, 자족도시가 가능할까요?"라고 반문하는 것이었다. "왜요?" 하고 되물었다. 그분은 이렇게 말을 이어갔다. "도시가 형성되려면 인구 유입이 있어야 해요. 옛날 개발시대에는 농촌에 청년이 많아서 그들이 일자리를 찾아 도시로 몰려들었죠. 그래서 아파트만 지어놓으면 사람으로 가득 찼지요. 그것이 바로 공산주의 경제학자 마르크스가 주장한 농촌 해체입니다. 강남 개발이나 분당, 일산 신도시가 성공한 원인이 그것이에요. 그런데 지금은 농촌에 아이들이 없어요. 아이들 울음소리가 들리질 않아요. 애 하나 태어나면 온 마을이 잔치하고요. 이장, 면장 다 와서 축하해주고 가요. 신도시는 외부 이주로 채워져야 하는데, 이주할 사람이 주변에 없어요. 세종시는 그냥 공무원 도시로 끝날 겁니다. 과천만도 못할 거예요."

우리나라는 인구구조의 고령화가 세계 어느 나라보다 더 빨리 진행될 수밖에 없다. 그렇다고 우리가 적극적 이민정책을 구사할 수 있을까? 그렇지도 못하다. 폐쇄성이라는 측면에서 우리는 일본보다 더 하면 더 했지 덜하지 않다. 세계 어느 도시를 가도 시청 가까운 곳에는 차이나타운이 자리 잡고 있다. 동경도 마찬가지다. 그런데 유독 서울만 찾아보기 힘들다. 명동 주변에 간신히 명맥만 남아있을 뿐이다. 우리가 화교들에 하도 텃세를 부려서 뉴욕과 같은 곳으로 이차 이민을 떠나버린 것이다. 실제로 최근 한 대선 후보가 인구구조 문제 해소를 위하여 이민정책을 고쳐야 한다고 했다가 지역 여론의 뭇매를 맞고 더는 이슈화하지 못했다.

통일은 또 하나의 변수가 될 수 있다. 일단 인구수를 볼 때, 통일되면 남한 5,000만 명, 북한 2,500만 명을 합쳐 7,500만 명으로 인구가 불어난다. 더구나 북한은 지금도 경제적 만성 빈곤 상태에서 벗어나지 못하고 있으므로 통일과 함께 경제적 여건이 좋아지면 베이비 붐이 올 가능성이 크다.* 북한에서 태어나는 출생아 수가 충분하다고 말할 수는 없지만 그래도 상당하게 도움이 될 것이다.

한편 통일 이후에는 우리의 경제적 영토가 압록강, 두만강의 국경선 너머로 확장될 가능성이 크다. 크게 세 가지 이유에서다. 첫째 역사 문화적 이유다. 간도, 만주 멀리는 몽골까지의 지역은 원래 우리와 교류가 많았던 지역이다. 둘째 인종적 유사성이다. 몽골리안으로서의 심리적 유대감이 존재할뿐더러 실제로 조선족도 많이 살고 있다. 셋째 지리적 이유다.

* 앞에서 기술한 베이비 붐의 사전적 정의를 기억하라.

이 지역은 북경 경제권보다 한반도 경제권이 훨씬 가깝다. 또 1인당 GDP나 경제 발전 정도를 볼 때 북경 경제권보다 한반도 경제권이 훨씬 더 많은 이점을 제공한다. 따라서 통일이 되면 우리나라는 최소 1억 명 이상의 경제권으로 확장될 것이고 인구구조 문제는 자연히 사라지게 될 것이다.

하지만 현재의 동북아 국제정치 지도를 고려해볼 때 통일의 가능성은 크지 않다. 동북아 4강 중 어느 나라도 한반도 통일을 달가워하지 않을 것이다. 중국은 전통적인 외교정책 중 하나가 '순망치한脣亡齒寒'이다. 북한이라는 입술이 없어지면 중국의 이가 시려질 것이다. 바로 간도, 만주, 몽골과 같은 지역이 해당한다. 간도는 역사적으로도 한국 땅이라는 근거가 더 많으면 많았지 부족하지는 않다. 또 당사자인 한국은 빠진 상태에서 청일 간에 협약을 맺은 것이므로 다툼의 소지도 많다.

일본이나 미국은 너무 강해진 한국을 원하지 않는다. 일본은 이유를 설명할 필요도 없다. 국제 외교상 가까운 나라와는 친구가 될 수 없다. 더욱이 가까운 나라가 힘이 세지는 것도 별로 좋은 일이 아니다. 미국은 한국과 방위조약을 맺은 우방이다. 그러나 미국은 한일간의 문제가 불거질 때마다 항상 일본 쪽에 무게 중심을 더 두는 자세를 취해왔다. 그 이유는 두 가지인데 일본의 군사력이 한국보다 센 것이 기본이겠지만, 또 하나는 우리나라의 포지션이 상대적으로 애매하기 때문이다. 일본은 무조건 미국 편이다.

그런데 우리는 지난 노무현 정부에서 반미 바람을 표출했었다. 미선이, 효순이 사건에서 우리 국민은 확실한 반미 정서를 표출해냈다.[*] 당시 콘돌리자 라이스 미 국무장관은 한미동 맹에 대한 의문까지 제기하고 나섰었다. 더구 나 한국은 유사 이래 긴 기간을 중국의 우방 국 가로 살아왔다. 또한, 한국과 중국은 일본에 대 한 공동의 악연이 쌓여 있다. 이런 정황을 볼 때 통일된 한국이 갑자기 중국 편에 서서 일본 과 대치하지 말라는 법이 없다.[**] 통일 한국의 군사력이 중국과 손을 잡을 때는 동아시아의 세력 균형에 차질이 생길 수 있다. 한국과 일본 이 손을 잡는 상황이면 중국을 견제하기가 쉬 우나, 한국이 중국에 붙어버리면 미국이 견제 는 가능할지 모르겠지만 큰 비용을 들여야 하 는 상황이 되는 것이다. 이런 이유로 미국이 한 국의 통일을 전적으로 지지할 것이라는 생각은 하지 않는 것이 좋다.

[*] 무한궤도차량에 희생된 미선이 효순이 사건이 미군이 잘못하지 않았다는 뜻은 전혀 아니니 오 해하지 말기 바란다. 단지 국제 정치라는 분석의 틀 내에서 제삼 자적 입장으로 보았을 때, 그 사 건 이후에 우리 국민이 보여준 모습은 미국으로서는 매우 섭섭 했을 것이다. 당시 방한한 콘돌 리자 라이스 국무장관은 미선이, 효순이 사건에 대한 미국의 견해 를 묻는 어떤 기자에게 2002년 6 월 29일 제2연평해전 당시 참수 리호에서 전사한 윤영하 소령의 이름은 아느냐고 되물은 바도 있 었다. 실제로 우리는 그때 미선 이, 효순이 이름은 다 알았지만, 윤영하 소령의 이름은 잘 몰랐던 것이 사실이다. 이를 떠나서 한 국전쟁 당시 알지도 못하는 한국 이라는 나라에 와서 한반도를 지 키기 위해 북한군과 전투하다 전 사한 미군들까지 생각하면 미국 은 더욱 섭섭했을 것이다.

[**] 실제로 일본군 강제위안부와 같은 일본의 역사 왜곡에 관해서 는 우리가 중국과 공동보조를 취 해온 것도 사실이다.

* 외부 변수에는 이민정책도 있지만, 통일도 고려할 필요는 있다. 그 현실화 가능성의 문제를 따져보아야 한다.

** 일본은 그들의 베이비 붐 세대를 단카이(團塊) 세대라고 부른다. 별다른 뜻이 있는 것은 아니고, 한자 그대로 '뭉쳐서 혹처럼 튀어나온 덩어리'라는 뜻이다. 일본은 이들의 자녀 세대를 메아리라는 뜻의 에코(echo) 세대라고 부른다. 이들은 4년에 걸쳐 약 810만 명이 태어났다.

결론적으로 한국의 인구구조는 별다른 외부 변수가 없는 한* 일본처럼 출생아 수가 지속해서 감소할 것이고, 항아리형 인구구조의 형태가 굳어질 것이다. 이점에서는 적극적인 이민정책을 구사하여 원통형 인구구조를 만들어 낸 미국과 다른 점이 될 것이다. 다만 일본과 다른 측면은 일본의 단카이 세대는** 1947~1949년의 단 3년간 태어난 '첨탑형'인 반면, 우리의 전후 세대는 미국의 베이비 붐 세대처럼 20년간 지속한 '고원형'이라는 것이다. 이런 차이는 경제적 관점에서 또 부동산의 관점에서 아주 많은 것을 우리에게 알려준다. 이제부터 살펴보자.

과연
디플레이션이
올까?

결론부터 말하면 '온다'이다. 언제쯤부터 시작될 것인가에 관해서는 '2020년 이후'라고 말해야 할 것 같다. 지극히 개인적인 견해로는 2030년 언저리에 무게를 두고 있다. 정확한 시기를 콕 찍어서 말한다는 것은 우리의 인구구조가 고원형이라서 매우 어렵다. 다만 생산가능인구가 2017년에 정점을 찍을 것으로 추계하고 있고, 2020년이면 전후 세대의 은퇴가 본격화한다.

생산가능인구의 감소가 시작된다는 점에서 2020년은 중요한 의미가 있다. 한편 총인구 감소는 2031년에 시작될 것으로 통계청은 보고 있다. 이 또한 중요하다. 2020년은 공급생산이라는 측면에서 인구 감소가 시작되는 것이고, 2030년은 수요소비라는 측면에서 인구 감소가 시작된다. 둘 중에 더 중요한 의미가 있는 것은 생산가능인구라는 측면에서 2020년에 더 무게를 둔다. 그러나 부동산이라는 시장 이슈와 정년연장과 같은 정책 이슈를 고려해야 한다. 시장 이슈는 시기 예측을 하기 어렵게 만드는 측면이 있다. 정책 이슈까지 고려하면 2030년이 더 유력해진다. 여기에 관해서 좀 더 알아보자.

먼저 시장 이슈에 관해 언급해보자. 만에 하나, 부동산 시장에 거대 버블이 형성되고 그것이 터져버리면 부동산발 디플레이션이 시작될 수 있다. 부동산 가격이 하락하고 담보대출자는 깡통주택만 남는다. 가계의 자산이 증발해버리는 상황이 발생하면 내수 소비가 크게 위축되고 그것은 곧바로 디플레이션의 시작을 의미한다. 부동산에 거대 버블이 형성되면 디플레이션은 언제라도 시작될 수 있다.

다음에 상술하겠지만, 옆 나라 일본의 '잃어버린 30년'이 부동산발 디플레이션의 대표적 사례다. 지금 우리 부동산 시장은 호황을 지속하고 있다. 그러나 아직 버블이라고까지 말하기에는 좀 이른 측면이 있다. 원고를 집필하는 현시점에서 지방은 이미 한차례 호황이 도래했다가 가격 조정국면으로 진입했다. 부산은 아직도 청약 열기가 뜨겁다.

수도권은 강북이나 경기도는 가격이 회복된 정도에 불과하다. 상당히 많은 지역이 과거 고점에 아직 도달하지 못했다. 강남 정도만 재건축 등의 이슈로 가격 급등세가 표출되고 있는 정도다. 이 정도를 부동산 버블이라고 말하기에는 이른 감이 있다. 또 강남 부동산 버블이 터진다고 해도 전국적인 자산 디플레이션이 온다고 말하기는 곤란한 측면이 있다. 그러나 부동산 가격의 급등세가 경기도로, 지방 주요 광역시로 퍼져나갔다가 갑작스럽게 버블이 터지면 곤란한 상황이 초래될 수 있다.

다음은 정책적 이슈다. 여기에는 몇 가지 변수가 있다. 하나는 정년연장이다. 정년이 지금보다 5년 정도 연장되면 생산가능인구가 정점을 지나는 시점도 5년이 더 길어진다. 여성 인력의 경제활동 참여가 지금보다 늘어나는 경우도 상정할 수 있다. 대부분 선진국은 남성과 여성 간의 경제활동참가율 격차가 10%p 정도에 불과하다. 남성 80%, 여성 70%, 그래서 75% 정도의 경제활동참가율이 일반적이다.

일본과 우리나라만 유독 80%, 60%의 20%p 격차다. 일본은 아직도 그 격차가 유지되고 있다. 우리나라는 일본과 사정이 조금 다를 수 있다. 여성의 경제활동참가율을 높이기 위한 다양한 정책들이 있고, 이미 박근혜 정부에서 그 정책들을 추진하고 있다. 청장년 세대를 중심으로는 어느 정도 약발이 먹혀들어가는 징후가 나타나고 있다. 생산가능인구는 정점을 치고 지나가더라도 경제활동참가율을 높이면 디플레이션으로 들어가는 시기가 다소 연기되는 효과가 있다.

＊내용이 좀 어려울 수 있으니 관심 없는 분들은 건너뛰어도 무방하다. 장기적으로 경제성장률은 인구증가율(또는 감소율)에 수렴한다. 따라서 인구가 감소하는 국면에 들어가면 경제성장률도 마이너스를 기록할 수 있다. 따라서 우리나라 인구가(정확하게는 생산가능인구) 감소하는 국면으로 접어들면 우리나라도 수요 부진에 따른 디플레이션 진입이 불가피하다는 점만 기억하면 된다.

디플레이션 가능성을 탐색하기 위해 먼저 우리 경제의 발전사를 살펴보자.＊ 경제가 성장하는 원천은 여러 가지가 있다. 우리 경제의 흐름을 보면 가장 먼저는 자본 축적이었다. 한국전쟁 이후 우리 경제는 피폐해질 대로 피폐해졌다. 부대찌개가 당시에 얼마나 먹고살기 어려웠는지를 증명하는 증거물이다.

우리는 경제학에서 사용하는 용어인 빈곤 함정 Poverty Trap에 빠져있었다. 너무 가난하여 빈곤의 굴레를 좀처럼 벗어나지 못하는 경우다. 개인적으로 밑돈조차 없어서 하루 벌어 하루 먹고 사는 처지면 저축은 꿈도 꿀 수 없다. 돈이 모이지 않으니 이자 소득이나 투자 이익은 당연히 거둘 수 없다. 결국, 노동의 대가로 근근이 생활을 꾸려가는 게 전부가 된다. 이런 빈곤 함정은 개인 차원뿐만 아니라 국가 차원에서도 성립한다. 지금 장기간 저소득 국가로 사는 나라들 대부분이 이런 모습이다. 구체적으로 나라 이름을 열거하지는 않겠다. 그러나 조금만 신문기사를 읽어보면 어떤 나라들이 그런지 금세 알 수 있다.

우리나라도 1950년대 1960년대에는 빈곤 함정에서 헤어 나오지 못하고 있었다. 그때 우리에게 축적된 자본은 거의 없었고 사람만 넘쳐났다. 자본이 없으니 누가 회사를 세우려고 해도 돈을 빌릴 곳이 없고, 자본 투자를 받을 수도 없었다. 회사를 세우지 않으니 일자리가 안 생기고, 일자리가 없으니 소비하는 사람이 없었다. 소비가 없으니 누가 회사를 차려도 망하게 된다. 일자리도 없고 소비도 없는 상태를 벗어나지 못하는 것이다. 젊은이의 태반이 일자리가 없었다.

산아제한정책도 그 해결책으로 생각해볼 만한 대안임은 틀림없었다. 그 시절에는! 외화는 더욱 말할 것도 없었다. 벌어둔 달러가 있어야 해외에서 생산기계와 원자재를 사 오고, 그것으로 제품을 만들어 수출하고, 그래서 벌어들인 달러로 다시 더 큰 기계와 더 많은 원자재를 사 와서 더 많이 수출해 달러를 벌어들이는 확장적 순환구조를 만들어야 부자 나라가 되는 것인데 말이다.

우리에게 처음에는 생산기계와 원자재를 사 올 달러가 한 푼도 없는 상황이었다. 개인 차원에서는 밑돈이 있어야 내 가게를 사고, 그래서 임대료를 안 내게 되면 더 많이 돈을 벌고, 그렇게 남은 돈으로 가게를 더 넓혀가는 게 순환구조다. 그때에는 내부적으로는 저축 장려, 외부적으로는 달러 축적이 가장 급선무였다. 그리고 다행히, 미국 등 서방국가의 도움과 우리의 엄청난 노력으로 빈곤 함정을 벗어날 수 있었다.

1970~1990년대는 산업화가 우리 경제 성장을 이끌었다. 이 시기 우리는 조금씩 모은 밑돈을 바탕으로 중화학 산업에 뛰어들었다. 해

외건설, 철강, 조선, 자동차, 기계장비, 석유화학, 전기·전자까지 지금 우리가 세계 시장을 주름잡는 대부분 산업은 이 시기에 만들어졌다. 산업화는 많은 일자리를 제공했고 이로 인해 우리의 전후 세대들은 취직 걱정 없이 살았다. 학교를 졸업하면서 곧바로 산업체에 취업이 되었고, 거기서 받은 부족함 없는 임금으로 소비를 이끌었다. 그만큼 '내수기반'이 튼튼해진 것이다.

1988년에는 드디어 1인당 GDP 5천 달러 시대를 대내외에 천명하는 서울올림픽을 치러냈다. 곧이어 대전엑스포도 치렀다. 개발도상국의 올림픽이나 엑스포는 상당한 의미가 있는 행사다. 우리가 이런 국제 행사를 잘 치러낼 수 있을 만큼 기술 수준이 발전했다는 것을 선진국에 보여주는 것이며, 그러니 우리 물건을 안심하고 사가라는 뜻도 된다. 사실 올림픽과 엑스포 이후부터 우리의 수출은 비약적으로 신장한다. 이런 노력의 결과로 우리는 다시 2000년대 비약적인 수출 증가를 이룰 수 있었다. 무역 1조 달러, 이는 아무나 이룩할 수 있는 것이 아니다. 이렇게 우리는 세계 7대 무역 대국이 될 수 있었다. 중국을 포함한 신흥국 경제의 성장에 편승하여 최대 수혜를 본 것이 우리나라 수출이다.

2000년대는 벤처가 새로운 산업으로 자리를 잡았다. 새롬, 다음, 로커스, 네이버, 한컴과 같은 벤처들이 새롭게 산업지도에 이름을 올렸다. 당시에는 '걸어 다니는 100억'이란 별칭이 벤처신화를 상징적으로 말해줬다. 웬만한 초창기 구성원이면 우리사주 평가액이 100억 원을 넘었기 때문이다. 물론 그중에 꽤 많은 기업이 사라졌다. 하지만 그들 중 상당수는 국내 최고의 벤처기업으로 성장했다. 그리고 사라진 기업이 개발한 기술은 우리 벤처생태계의 DNA 한구석에 자리 잡아 남았다. IT에서 시작한 벤처 산업은 이제 바이오, 제약 등 다양한 분야로 확장해가고 있다.

중화학산업화, 수출고도화, 벤처활성화의 단계를 거쳐 우리나라는 성장을 거듭해왔다. 이렇게 1인당 국민소득 3만 달러에 육박하는 나라가 되었다. PPP GDP로는 우리가 일본에 뒤지지 않는다.[*] 우리가 동경해 마지않던 선진 유럽 대부분 국가보다 우리가 잘산다. 경제 규모 측면에서도 우리는 세계 10위에 육박한다.

언론은 연일 우리 경제를 '소규모 개방경제'라고 말한다. 개방경제는 맞는 말이지만 규모가 소규모는 아니다. 인구 5천만 명에 1인당 GDP 3만 달러 되는 공업국가는 세계에서 열 손가락 안에 꼽는다. 우리 경제는 대규모 공업 경제이다.[**] 이제 앞으로는 무엇으로 성장할 것인가? 우리가 새롭게 들어갈 수 있는 산업, 새롭게 성장하는 지역, 새롭게 찾아낼 수 있는 신기술벤처는? 그것을 찾아보려고 산업통상자원부, 미래창조과학부, 문화

[*] PPP GDP는 구매력 평가 기준 GDP라고 부른다. 나라별 물가 차이를 고려한 GDP로서 물가가 비싼 나라는 그만큼 GDP를 깎고, 싼 나라는 그만큼 GDP를 높여준다. 그렇게 함으로써 실제 삶의 수준을 비교할 수 있도록 만들어 놓은 지표다.

[**] '소규모 개방경제'는 언론이나 관료들이 우민화(愚民化) 속셈에서 만들어낸 말이라고 판단된다.

체육관광부 등 관련 부처 공무원들은 온갖 머리를 짜내고 있다.

'없다.' 그것이 결론이다. 우리는 이제 더는 고도성장을 기대할 수 없다. 우리는 산업화의 마지막 단계까지 도달했다. 우주항공, 바이오, 의료 등 첨단 지식과 기술집약 산업에서만 아직도 산업화가 진행 중이다. 산업 성장이 견인하는 소득 증대는 더는 바라보기 어려워졌다. 지난 1900년대 후반 우리 경제가 보여줬던 활력은 더는 찾기 힘들어졌다. 어쩌면 2000년대의 벤처 붐이 마지막 활력이 아니었을까 한다.

이것은 우리 경제가 선진국 경제 체제로 들어왔다는 것을 의미한다. 선진 산업화 국가들은 _Advanced Industrialized Countries_ 어느 나라를 막론하고 고도성장은 없다. 3% 성장만 지속할 수 있어도 대단한 일이다. 그것도 자본이나 노동의 양적 투입으로부터 창출되는 성장은 기대하기 어렵고 대부분 총요소생산성이라고 하는 지식이나 기술이 이끌어주는 성장이다.

대체로 선진국의 성장률은 −1~3% 내외를 기록하고 있다. 새롭게 찾아낼 수 있는 거대한 발명이 존재하지 않는다. 증기기관, 철도, 전기, 석유 같은 대발견과 대발명이 나오지 않는 한 신新산업도 고도성장도 없다. 기껏해야 애플의 아이폰이 시대의 발명품으로 꼽히고 있을 정도이다. 생각해보라. 아이폰에 무슨 새로운 발명이 있는지를. 눈을 씻고 봐도 찾아볼 수 없다. 아이디어는 참신했지만, 아이폰은 기존 기술의 조합에 불과하다.

이제 우리 지구 상의 과학기술은 더는 발전할 수 없는 수준까지 발전했다. 우주의 생성원리에서부터 인체의 신비까지 과학자들이 아직도 규명해내지 못한 부분은 극히 일부다. 그것도 조만간 다 규명될 것이다. 발명이라는 것이 과학기술의 발전에 기초한다는 점을 고려하면 더 이상의 발명도 없다. 발명이 없으면 성장도 없다.

그렇다면 어떤 선진국이 마이너스 성장률을 보이고 어떤 선진국이 플러스의 성장률을 보일까? 마이너스와 플러스를 구분하는 두 개의 단어는 '혁신'과 '내수'이다. 둘 중에서도 내수가 더 중요하다고 생각한다. 내수가 없으면 혁신 활동도 불가능하기 때문이다. 혁신은 결국 그것을 사줄 시장이 있어야만 가능하다. 시장이 없으면 혁신은 소용없는 일이다.

물론 내수 시장이 있다고 다 혁신할 수 있는 것은 아니다. 유럽은 미국만큼 큰 시장이 있지만, 혁신이 제대로 일어나지 않는다. 그래서 혁신이라는 단어가 미국과 유럽 경제를 구분하는 키워드가 된다. 미국은 몇 번의 위기 국면을 제외하고는 1990년대 이후 대체로 3%대의 비교적 높은 성장을 지속해왔다. 성장 정체를 경험하고 있는 유럽은 1~2% 내외였다. 이런 차이를 만드는 것은 혁신이다.

미국은 아직도 발명과 혁신이 활발하다. 물론 위에서 열거한 대발명은 아니다. 그러나 기초 과학에 대한 R&D 투자가 지속되고 그 결과로 작더라도 혁신이 계속 일어나고 있다. 반면 유럽은 혁신이 사라진 늙은 경제다. 유럽의 전성기는 이름하여 '대항해 시대'다. 포르투갈, 스페인, 네덜란드, 영국 등이 세계의 바다를 지배하면서 신대륙과 무한한 자원을 발견하고, 한편으로는 과학과 인문·예술을 접목하여 신기술을 발명해냈다. 이들이 수백 년간 지속한 산업혁명의 동력이 되어준 것이다. 그러나 유럽에서는 이제 더는 대발명은커녕 아이폰과 같은 혁신도 나오지 않는다.

우리에게 중요한 것은 일본이다. 일본의 마이너스 성장률은 어떻게 설명해야 할까? 혁신이 없기는 유럽이나 일본이나 마찬가지다. 유럽과 일본을 가르는 결정적 이유는 내수기반에 있다. 일본은 빠르게 내수기반이 붕괴했다. 그리고 내수기반 붕괴의 원인은 단카이 세대의 퇴장과 그들이 만들어 낸 부동산 불패 신화의 몰락에 기인한다.

먼저 단카이 세대의 퇴장을 보자. 이미 기술한 바처럼 단카이 세대라고 부르는 일본의 전후 세대는 첨탑형 출생아 구조다. 이들은 3년간 806만 명이라는 엄청난 숫자로 이들이 자라서 경제활동을 시작한 시기부터 일본 경제는 거침없이 성장했다. 사과를 한 사람이 한 개씩만 먹는다고 해도 806만 개를 생산해야 했다. 직전보다 20~30% 늘어난 인구다. 이들이 사과를 먹기 시작하는 순간, 과수원의 생산 능력이 20~30%가 늘어나야 함을 의미한다.

단카이 세대가 가는 곳이면 어디든지 생산 시설 확충이 필요했다. 비단 먹거리뿐만 아니라 자동차 같은 공산품 그리고 서비스까지 그랬다. 경제 전체가 순식간에 늘어난 인구만큼 생산 능력을 키우게 된 것이다. 경제 성장이다. 그러나 이제 단카이 세대는 나이가 70에 가까워져 가고 경제 전면에서 대부분 퇴장했다. 그 뒤를 잇는 후손들은 점점 출생아 수가 줄고 있다. 지금 태어나는 아이들은 단카이 세대의 절반 정도에 불과하다. 이것은 매우 심각한 상황이다. 일본 전체의 공급능력이 해가 갈수록 줄어들어야 함을 의미하기 때문이다.

단순하게 생각해보면 앞으로 70년 후에는 일본 경제의 공급능력은 현재의 절반 수준까지 줄어들 것이다.* 이것을 해결할 유일한 방법은 이민을 받는 것이다. 그러나 알다시피 일본인은 매우 폐쇄적인 문화를 가졌다. 겉으로 드러내지는 않지만, 경제적으로 부유하지 못한 나라나 유색인종에 대해서는 무시하는 태도를 보인다. 그런데 대부분의 이민 수요는 그런 쪽에서 나온다.

이번 아베노믹스도 애초에는 세 번째 화살에 이민정책이 포함되어 있었다. 어떻게 보면 아베노믹스의 가장 핵심인 이민정책이 얼마 전부터 슬그머니 사라져서 이제는 그런 정책이 포함되어 있었는지조차 잊히고 말았다. 일본의 인구구조는 개선될 수 없다. 아베가 아베노믹스를 들고 열심

* 지금 태어나는 아이들이 단카이 세대의 나이 70살에 도달하는 시기를 말한다. 인구 이외에도 다른 여러 변수가 있으므로 이런 단순한 공식은 성립하지 않지만, 그래도 인구 즉 내수가 상당히 위축될 수밖에 없다는 점은 확실하다.

히 노력하고 있지만, 일시적인 효과는 볼 수 있을지언정 디플레이션을 인플레이션으로 바꿔놓지는 못할 것이다. 지금 일본이 겪고 있는 수요발 디플레이션은 생산가능인구가 늘어야 해결되지 돈을 푼다고 해결되는 것은 아니기 때문이다. 그리고 지금 이 순간에도 출생아수 감소현상은 지속하고 있다.

얼핏 이해가 가지 않는 것은 일본 정부가 공식적으로 디플레이션 경제를 선언한 것이 1995년이었다는 점이다. 그때는 단카이 세대들이 40대 후반으로 가장 왕성하게 경제활동을 하던 시기였다. 아직 그들의 퇴장이 시작도 되지 않았는데 경제가 디플레이션으로 들어갔다는 것이다. 왜 그럴까? 앞에서 말한 시장 이슈가 끼어들었다. 부동산 버블 붕괴가 그것이다.

패전 후 일본 경제는 폐허로 변해버려 사람들의 생활 자체가 곤궁하기 그지없었다. 농촌에 살던 사람들은 먹고살 방도를 찾기 위해 도시로 몰려들었다. 바로 마르크스가 주장하는 농촌 해체가 일어난 것이다. 그래서 도시에 집에 대한 수요가 급증했다. 단카이 세대가 신혼살림을 차리기 시작할 때는 더 말할 것도 없었다. 800만 명이 결혼하면 400만 쌍이 생겨난다. 3년 동안 400만 호의 주택 수요가 생겼다. 그들이 아이를 갖고 더 넓은 내 집 마련에 나선 시기가 바로 1990년 버블이다.

공급능력보다 수요가 너무 빠르게 증가하면서 부동산 가격의 버블은 항상 존재하는 상수가 되어버렸다. '부동산 불패'라는 신조어가 만들어질 수밖에 없었다. 그것이 1980년대 일본 경제의 고도성장과 대폭의 무역수지 흑자 그리고 세계 2위 경제 대국으로의 발돋움 등과 맞물리면서 1988~1990년 딱 3년간 택지가격을 세 배로 올려놓았다. 수익률이 200%다. 이것이 일본 주요 8대 도시의 지가 상승률이다. 말하자면 코스닥 시장도 아니고 거래소 시장의 시가총액 상위 8종목이 3년간 200%의 수익률을 내준 것이다. 이 정도면 버블도 보통 버블이 아니다. 오죽하면 1980년대 후반에는 '동경 땅을 팔면 미국 땅을 다 살 수 있다.'는 말이 나돌 정도였다. 실제로 그들은 미국 땅을 사들였다. 하와이의 상당 부분이 일본 사람 소유이고 뉴욕의 록펠러 센터를 포함하여 세계 곳곳이 그들의 손을 타지 않은 곳이 없다고 봐도 무방하다.

그렇게 퍼펙트 스톰으로 커지던 일본 부동산 버블이 1991년에 터졌다.[*] 일본은 부동산발 자산 디플레이션에 돌입했다. 부동산 가격이 원점으로 돌아가는 데에는 딱 3년이 걸렸다. 단카이 세대가 3년이라서 그랬는지, 정확히 3년 동안 3배로 급등했고 다시 3년 만에 1/3 토막이 되어버렸다. 문제는 그 이후부터다. 부동산발 자산 디플레이션이 경제의 디플레이션으로 이어진 것이다.

일본도 당시에는 부동산이 가계 자산의 대부분을 차지했다. 사실 일본 사람들은 평생 돈을 벌어

[*] 물론 일본 정부의 정책 실패도 있었다.

서 늘그막에 자기 집 한 채를 마련하는 것이 소박한 꿈이라면 꿈이었다. 그 한 채를 만드는데 평생을 벌어 모았는데, 그 가격이 1/3토막이 되어버렸다. 자산 대부분을 잃게 된 것이다. 가장 먼저 소비가 타격을 받았다. 그리고는 그것이 수요 부진에 의한 디플레이션으로 이어졌다. 그 후에 인구구조에 의한 디플레이션이 뒤따라 온 것은 이미 기술한 대로다. 그래서 일본의 디플레이션을 자산–수요 복합형 디플레이션이라고 부른다.

이제 우리 경제의 디플레이션 우려에 대해서 종합하여 정리한다. 우리 경제는 원하든 원하지 않든 디플레이션으로 들어갈 것이다. 시기는 2020년에서 2030년 사이 정도가 될 것으로 보인다. 이미 앞에서 말했지만 나는 부동산 시장에서 버블 붕괴가 없다는 가정에 따라 2030년에 무게를 두는 편이다. 정책 변수들이 다소 시기를 연기하는 효과가 있는 데다가 우리 인구구조가 고원형이기 때문에 일본의 첨탑형과 달리 수요 감소가 서서히 일어날 것이기 때문이다.

물론 2030년까지 우리 경제가 활발하게 성장하고 물가상승률이 높아질 것이라는 말은 아니다. 우리 경제는 만성적인 저성장–저물가–저금리에 시달리게 될 것이다. 그나마 성장률을 다소 높여줄 요인이라면 수출이 될 것이다. 그런데도 지금은 수출 경기와 내수 경기가 단절되어 낙수 효과를 기대하기가 곤란한 상황이다. 세계 경기가 좋아져도 우리 내수 경기는 크게 좋아질 것 같지 않다. 이런 이유

로 저성장, 저물가, 저금리가 같은 의미라고 한 것이다. 또한, 그것들
의 근본 원인인 저출산−고령화도 같은 의미다.

디플레이션은
얼마나
지속할까?

　　디플레이션이 올 것인가에 관해서는 이 정도면 충분하게 훑어본 것 같다. 그럼 얼마나 오래갈 것인지를 따져봐야겠다. 디플레이션이 오더라도 한 1~2년 들어갔다 회복하는 정도라면 충격이 그다지 크지 않을 것이다. 하지만 일본처럼 20년 넘게 지속한다면 그야말로 감당하기 어려운 충격이 온다.

　　디플레이션은 앞에서 말한 바와 같이 저성장이나 저금리와 동의어다. 저성장은 일자리 정체나 감소를 수반한다. 또 저금리는 안정적인 투자 수익이 발생하는 상품을 찾기 어렵다는 의미가 된다. 더구나 물가가 하락하는 디플레이션은 자산 가격, 특히 부동산 가격의 하락도 포함한다. 따라서 20년간 부동산 가격 하락이나 제로금리가 되면 자산의 자본이득*Capital Gain*은 기대하기 어렵고, 자본손실*Capital Loss*

가능성이 더 커진다.

우리나라의 디플레이션은 일단 시작되면 무척 장기화할 것이다. 우리나라는 1974년 이후 연도별 출생아 수가 지속해서 감소해왔다. 1955~1964의 10년간 연도별 출생아 수가 약 90만 명 수준이었다. 1970년 우리나라의 합계출산율은 4.53명이었고 그 해에 100만 6,645명이 출생했다. 지난 2015년에는 합계출산율은 1.24명으로 하락했고, 출생아 수도 43만 8,700명이 되었다. 1970년의 절반에도 미치지 못한다. 더구나 연도별 출생아 수가 43만 명 수준으로 하락한 것은 2005년 43만 5,031명 출생 이후, 2013년^{43만 6,455명}과 2014년^{43만 5,435명}에 이어 3년째 지속한 것이다.

일본은 일시적으로 출생아 수가 증가한 에코 세대가 존재했다. 그러나 우리는 그것조차 없다. 출생아 수의 일시적인 증가세도 나타나지 않았다. 2015년 현재까지 무려 40년 이상 출생아 수 감소세가 지속하여 왔다. 앞으로 얼마나 더 계속될 것인지도 알 수 없다. 따라서 우리나라의 인구구조에 의한 디플레이션 요인은 최소한 40년간은 지속할 것이다.

옆 나라 일본만 해도 아직 디플레이션 압력을 제대로 극복하지 못했다. 아베가 마이너스 금리, 양적 완화, 소비세 인상 등 인플레이션 유발을 위해 할 수 있는 거의 모든 대책을 시행하고 있지만, 아직 디플레이션 압력에서 완전히 벗어났다는 신호는 나오지 않는다. 잠시 반짝한 것일 뿐 또다시 디플레이션에 빠질 수밖에 없다는 것이 일반적인 평가다.

그 이유는 간단하다. 바로 단카이 세대의 뒤를 받쳐주지 못하는 후손 세대들 때문이다. 출생아 수가 지속해서 줄어들어서 그만큼 내수 규모가 줄어든 것이다. 더는 자본 투자가 경제성장률을 견인하지 못하는 상황에서 인구 감소는 그대로 마이너스 성장률 요인으로 작용한다. 다만 생산성 향상은 항상 이루어지고 있으므로 생산성에서 창출되는 플러스 요인으로 인구에서 발생하는 마이너스 요인을 얼마나 상쇄시키느냐에 따라 성장률이 플러스가 될지 마이너스가 될지가 결정된다.

지난 1990년대 '잃어버린 10년'을 보내고 난 이후, 일본 경제 서적에서 가장 논쟁거리가 되었던 것은 '인구 파동人口 波動'이라는 이슈였다. 결국, 인구 요인이 경제를 결정하더라는 이야기이다. 그러면서 2000년대 첫 10년을 '이름 없는 10년'으로 명명하였고, 지금 그 세 번째 10년을 또다시 만성 디플레이션과 마이너스 성장률의 위협 속에서 사는 것이다. 그리고 지금처럼 출생아 수 감소가 지속하는 한에는 마이너스 성장률과 디플레이션은 끝나지 않을 것이다.

반대로 미국은 베이비 붐 세대 이후 발생한 출생아 수 감소현상을 대대적인 이민으로 해결했다. 낳지 않은 인구를 외국에서 수입해 메꿔 넣었다. 그렇게 유입된 이민자들이 높은 출산율을 기록하면서 원통형 인구구조를 만들었고 내수가 튼튼해질 수 있었다. 일본과 미국의 베이비 붐은 지속 기간이라는 측면에서는 이미 기술한 바처럼 고원형과 첨탑형으로 서로 완전히 다르다. 그렇지만 양쪽 모두 제2차 세계대전 이후에 태어난 세대라는 점에서는 같다.

그런데 양쪽 베이비 붐 세대가 40대 중반으로 들어서는 1990년대 이후 지금까지 양국 경제는 완연하게 다른 길을 걸었다. 일본은 계속 마이너스나 제로 성장과 같은 디플레이션이었던데 반해, 미국은 몇 번의 위기를 제외하고는 골디락스^{Goldilocks} 경제를 구가하고 있다.[*] 미국은 1991~2016년의 26년간 대체로 3% 내외의 안정적 성장을 구가했는데 그것은 안정적인 인구구조가 내수 성장을 뒷받침하는 가운데 IT, BT 등 지식산업의 생산성이 경제 성장을 이끌었기 때문에 가능한 일이었다. 또한, 서브프라임 사태의 진앙이었음에도 가장 빠르게 회복 국면으로 돌아설 수 있었던 것도 탄탄한 인구구조에 기인한 것으로 봐도 무방하다.

이제 다시 우리나라로 돌아오자. 우리나라 전후 세대의 마지막을 1974년이라고 해보자. 그로부터 지금까지 42년이 지났다. 합계출산율은 1.2명 전후에서 반등할 기미조차 보이지 않는다. 우리의 출생아 수 구조가 20년 고원형이라는 점에

* 골디락스 경제는 '골디락스와 곰 세 마리'라는 전래 동화에서 유래된다. 골디락스라는 소녀가 너무 뜨겁지도 않고 너무 차갑지도 않은 적당한 온도의 수프(Soup)를 골라서 먹었다는 이야기이다. 그래서 골디락스 경제는 적당한 인플레이션과 적당한 성장률을 기록하는 가장 이상적인 경제 성장을 의미한다.

서는 일본과 다르지만, 그 이후부터 출생아 수가 줄어드는 것이나 이민정책을 구사하지 못하고 있다는 점은 일본과 마찬가지다.

일본보다 못한 점도 있다. 일본은 인구구조상 단카이 세대의 에코 세대가 존재하지만 우리는 에코 세대마저 뚜렷하게 보이지 않는다. 이와 같은 인구구조에서 통일이나 이민과 같은 변수가 발생하지 않는다고 하면 우리 경제도 디플레이션을 피할 길은 없다. 그리고 그 기간은 현재 시점에서 볼 때 42년이다. 1.2명 내외의 합계출산율이 내년에도 지속하면 43년이 될 것이고 내후년에도 지속하면 44년이 될 것이다. 관건은 인구 파동이다.

디플레이션
시대에는
어떤 일이 벌어지나?

디플레이션 시대가 오면 어떤 일이 벌어지나? 우선 경제성장률이 제로 근처에서 맴돌 것이다. 인구구조 측면에서는 마이너스 성장률이 불가피하지만, 생산성 측면에서 플러스 성장이 나올 것이기 때문이다.[*] 사실 성장률 자체만 놓고 보면 지금도 우리 경제에 활력이라고는 하나도 없다. 우리 경제는 분기 성장률로도 4%를 구경한 지가 언제인지 기억이 안 날 정도다. 연간 3% 성장도 언감생심이다.

특히 지금은 세계 경제가 '거대 조정Great Moderation' 국면에 들어가 있는 상황이다. 세계 경제가 최소

[*] '생산성'은 경제학 용어로 말하면 '총요소생산성'이다. 경제성장률은 자본, 노동, 총요소생산성 세 가지의 기여분으로 구성된다. 자본은 산업화가 마무리된 국가에서는 플러스 요인이 많지 않다. 노동은 인구 감소가 일어나고 있어서 마이너스 요인이 된다. 총요소생산성은 이 두 가지 이외에 기술 진보, 교육 수준과 같은 경제의 생산성을 높이는데 영향을 미치는 모든 것이 망라되어 있다. 이것은 플러스를 유지한다.

한 2018년까지는 회복이 어려울 것으로 보인다는 점을 고려하면 우리 경제에도 그다지 좋을 것은 없다. 2018년 이후에도 곧바로 회복기로 들어간다는 보장도 없다. 이번 거대 조정국면은 어쩌면 2020년까지 지속할 수도 있다. 세계 경기 회복이 되든 아니든 우리 경제는 성장 잠재력이 1% 수준을 향해서 지속해서 하락할 것이다.

국회예산정책처의 추계에 따르면 우리나라 잠재성장률은 이미 2%대로 추락했다.* 민간에서는 이미 2%대 중반 정도까지 하락한 것으로 보고 있다. 인구 절벽이 시작되는 2020년대에 가면 잠재성장률은 더 빨리 하락할 것이다.

디플레이션이 물가 하락이라는 점은 이미 적시했고. 그 물가가 어느 한두 개 품목의 물가가 아니라 '사회 전반에 걸친 광범위한 물가 수준의 하락'이라는 점도 적시했다. 다만 '사회 전반에 걸친 광범위한 물가 수준의 하락'이 어떤 의미인지에 관해서는 아직 말하지 않았다. 사회 전반에 걸친 물가 하락이 있다면 대부분 독자는 일견 '생활비 적게 들고 살기 좋겠네!' 이런 생각이 들 것이다. 그러나 사회 전반에 걸친 물가 수준의 하락이란 상품과 서비스 가격의 하락뿐만 아니라 임금 수준의 하락도 포함한다. 부동산이나 주식과 같은 자산 가치도 따라서 하락하게 된다. 꼭 그런 것은 아니지만 대체로 같은 비율로 하락한다.

따라서 생활 형편이 빠듯하기는 여전하고 오히려 보유 자산의 가치만 떨어지게 된다. 사람들은 소비를 줄이고 기업의 실적은 나빠진다. 기업은 매출과 수익성 감소를 겪게 되고 따라서 일자리를 줄이고 임금을 삭감한다. 수요와 공급이 동시에 감소하면서 물가 하락을 초래하는 것, 이것이 전형적인 디플레이션 구조다. 이런 디플레이션 구조를 타파하기 위해서 아베 정부는 통화의 양적 완화 정책을 구사하고 있다.

물론 돈을 풀면 물가가 올라가는 것은 경제 이론에도 나와 있다. 고전학파의 화폐수량설_Quantity Theory of Money_이다. 다른 모든 조건의 변동 없이 통화량만 늘리면 물가 수준이 올라가게 된다는 것이 화폐수량설이다. 이 이론은 물가를 완전히 설명하는 것은 아니지만, 대부분이 설명된다. 그러나 일부 설명되지 않는 경우가 일본에서 발생하였다. 버블 붕괴 이후의 부동산 시장이 전형적인 사례다.** 지금도 마찬가지다. 찍어내는 돈에 비해서는 물가 상승률이 너무 낮다.

기업 실적이 나빠지면 주가도 힘을 못 쓴다. 한때 4만에 육박했던*** 니케이225는 1만 아래로 떨어졌고, 서브프라임 사태가 터진 2008년 10월에

** 우리나라 부동산 시장에도 같은 이야기를 하게 될 것이다. 지금은 정부의 저금리 정책이 부동산 시장으로 자금을 공급하여 버블을 만들고 있지만, 디플레이션 시대로 진입하게 되면 시중에 돈을 아무리 많이 풀어도 부동산 시장은 여전히 반응하지 않을 것이다.

*** 닛케이 사상 최고치는 1989년 12월 9일에 기록한 38,915이다.

는 7천 선도 무너졌다.* 최근 아베의 의도적 엔저 정책에 따른 수익성 회복 기대감에도 불구하고 니케이225는 2015년 6월, 2만 선에 잠시 올라섰을 뿐 2만 선에 안착하지는 못했다.**

엔화는 아베의 의도대로 움직이는 듯했다. 70엔대의 대미 달러 환율이 양적 완화가 최고조로 치닫던 순간 130엔을 향해 치솟았다. 일본 수출 기업들의 실적이 개선되었다. 그러나 그것도 일시적인 현상에 그쳤을 뿐, 미국이 달러 약세 정책을 구사하면서 2016년 10월 현재 100엔 선으로 주저앉았다. 구로다 하루히코 일본은행^{BOJ} 총재는 엔화 환율 100엔 선을 지켜내기 위해 안간힘을 쓰고 있다. 그것이 아베노믹스를 지켜줄 유일한 해법이기 때문이다. 그러나 100엔대 세 자릿수를 지켜내는 것이 그리 만만한 일은 아니다. 세계 경제가 불안해질 때마다 안전자산인 엔화의 수요는 급증하고 결국 엔화 강세를 촉발하기 때문이다.

엔화가 어느 방향으로 움직일지를 미리 예단하여 말하기는 곤란하다. 환율은 시장 상황보다는 국제정치적 그리고 국내정책적인 측면에 의해서 대부분 결정되기 때문이다. 하지만 엔화가 아베가 원하는 대로 약세 기조만 지속할 리는 없다. 주가 강세나 엔화 약세가 일시적으로 일본 경제에 활력을 불어넣는 것처럼 보였지만, 다시 제자리로 되돌아가는 모습이 확인되면서 아베노믹스는 실패의 위기로 몰리고 있다. 아베는 주가 강세와 엔화 약세를 다시 유도하려고 하지만 이렇다 할 정책적 수단을 찾지 못하고 있다. 쓸 수 있는 카드는 다 사용했기 때문이다.

아베는 자칫하면 일본 경제를 파국으로 몰고 갈 수도 있는 정말로 과감한 정책들을 모두 펼쳤다. 이 정도면 경제가 반응하여 자체 동력으로 선순환 구조로 들어갔어야 한다. 그런데도 일본 경제는 일시적인 반응을 보이는 데 그쳤다. 인구구조라는 더욱 근본적인 문제를 해결해내지 못하는 한 통화정책만으로 경제를 되돌릴 수는 없다. 돈이란 결국 '종이 쪼가리'에 불과한 것 아닌가. 돈은 사람을 속이는 마술을 부리기는 하지만, 뭔가를 만들어 내지는 못한다.[*] 마술이 장미를 비둘기로 바꾸지는 못한다. 바꾸는 것처럼 보이게 할 뿐이다.

사회는 심리적으로 위축되어간다. 1971~1974년에 태어난 일본의 에코 세대는 어쩌면 가장 불행한 세대인지도 모른다. 사실 그들의 부모인 단카이 세대는 행복한 세대였다. 시작은 어려웠지만, 나이를 먹을수록 경제적으로 윤택해지는 삶을 살았다. 일본 경제가 그들과 함께 고도성장을 구가했기 때문에 경제적으로 어제보다 오늘이 더 좋고, 오늘보다 내일이 더 좋을 것이라는 확실한 기대 속에서 살았다. 계속 확장해 나가는 회사의 신규 사업과 함께 승진 기회도 많았다. 또 열심히 저축해서 내 집 마련도 하고 나이를 먹으면서 단 몇 평이라도 집을 늘려가는 재미도 맛봤다. 고도성장은 새로운 재벌의 탄생을 뒷받침해줬고, 재벌이 아니더라도 최소한 노후를 편안하게 먹고 살만큼의 재산은 모을 수 있었다.

하지만 에코 세대는 그와는 정반대다. 그들은 가장 왕성하게 경제활동을 했던 단카이 세대 덕분에 경제적으로 부유한 성장기를 보냈다. 그러나 그들이 자립해서 경제 전면에 나서야 하는 20대에 일본 경제는 부동산 버블 붕괴와 디플레이션 진입이라는 사상 초유의 사태를 맞았다. 그리고 지금 그들이 40대 초중반에 들어선 이 순간까지 일본 경제는 단 한 번도 기를 편 적이 없었다. 제자리걸음과 후퇴의 반복이었다.

그들이 어른이 되면서부터 부동산 가격은 내려가기만 했지 오른 적이 없었다. 단카이 세대에게 부동산이 '불패의 신화'였다면, 에코 세대에게는 '실패의 신화'가 되어버렸다. 부동산은 가격이 하락하기만 하는 것, 살 필요는 전혀 없고 임대해 사용하는 것이 훨씬 유리한 것이 되었다. 그러니 소유권은 필요 없고 사용권만 필요한 애물단지로 전락할 수밖에 없었다. 결국, 아버지 세대가 자식 세대를 망쳐놓은 꼴이 되어버렸다.

에코 세대는 유복하게 자라 파투난 경제를 물려받았으니 가장 불행한 세대다. 여기에 더하여 툭하면 한 번씩 터지는 진도 9의 지진과 쓰나미도 있다. 1979년 미국의 쓰리마일 아일랜드*Three Mile Island* 원전 사고, 1986년 체르노빌*Chernobyl* 원전 사고에 이은 2011년 후쿠시마

원전 사태까지, 도대체 즐거운 일이란 없었다. 그렇게 심혈을 기울인 2002년 월드컵도 뒤늦게 나선 한국에 절반이나 뺏겼고, 한국은 4강까지 진출했지만, 그들은 16강으로 만족해야 했다. 한국은 거대 전광판을 켜놓고 길거리 응원으로 축제 분위기였지만, 일본은 결승전에 도쿄돔에 모여 길거리 응원을 한 번 흉내내는 것으로 만족해야 했다.

심리적 위축은 오래되면 좌절과 분노로 변화한다. 그리고 좌절과 분노가 수십 년간 지속하면 군국적 그리고 국수주의적 보수화 경향을 불러온다. 아베의 평화헌법 개정 시도의 배경에는 이런 일본인들의 군국 보수화 경향이 있다.

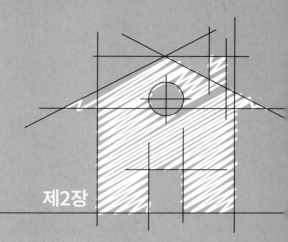

제2장

앞으로 40년,
현금이
왕이다.

페넬로페의
베짜기

그리스 로마 신화에 등장하는 페넬로페라는 여인이 있다. 그녀는 외모가 미인은 아닌 듯하다. 현숙함, 사려 깊음, 그리고 남편을 향한 정절과 같은 것으로 영웅적 여성의 반열에 올랐다. 페넬로페는 스파르타의 왕 이카리오스의 딸로 태어났다. 당시 이타케의 왕인 오디세우스는 수많은 경쟁 상대를 물리치고 페넬로페를 아내로 얻는 데 성공한다.[*] 오디세우스와 결혼한 페넬로페는 남편이 있는 이타케로 와서 행복한 결혼 생활을 하고 있었다.

그러나 그 행복도 불과 1년 남짓. 트로이 전쟁이 터졌고 남편 오디세우스는 전쟁에 소집되고 말았다. 그리고 그 이후 10여 년을 오디세우스는 집으로 돌아오지 못한 채 떠돌아다녔다. 그 사이 페

[*] 오디세우스는 호메로스의 유명한 대서사시 〈오디세이아(Odysseia)〉의 바로 그 오디세이다.

넬로페를 흠모하던 100여 명의 귀족이 페넬로페에게 청혼해왔다. 현숙함의 대명사인 페넬로페는 이들의 청혼을 계속 물리쳤으나 쉽게 물러서지 않는 구혼자들의 입을 막을 꾀를 낸다.

시아버지 라에르테스의 수의 한 벌만 짜놓고 결혼에 응할 것을 약속한다. 그리고 페넬로페는 낮에는 베를 짜고 밤에는 그 베를 다시 푸는 방법으로 시간을 끈다. 일설에는 사흘 동안 베를 짜고 사흘 동안 그 베를 풀었다는 이야기도 있다. 이렇게 하여 페넬로페는 남편 오디세우스가 돌아올 때까지 시간을 벌고 정절을 지켰다는 것이 '페넬로페의 베짜기'라고 불리게 된다.

페넬로페의 베짜기는 또 다른 뜻이 있다. '아무리 애써도 끝나지 않는 일'이다. 100여 명의 귀족이 밤낮을 가리지 않고 애를 썼어도 결국 구혼이 성사되지 않았다는 말이다. 요즘 세계 경제를 보면 페넬로페의 베짜기와 다름없다. 무수히 많은 석학, 정책당국자가 경제를 살려보기 위해서 애써보지만, 결코 회복의 기미가 보이지 않는다. 마치 페넬로페에게 구혼하던 100여 명의 귀족처럼.

서브프라임 사태 이후 세계 경제는 '거대 조정The Great Moderation' 국면에 빠졌다. 1990년대 신경제에서부터 이어진 20년간의 저물가-고성장 골디락스Goldilocks 경제는 2008년 서브프라임 모기지 채권 부실화 사태로 한방에 무너졌다. 이후 그동안 과열되었던 글로벌 주택시장과 소비시장의 거대 버블이 터지면서 감당할 수 없는 후유증에서 벗어나지 못하고 거대 조정국면이 아직도 이어지고 있다. 이제 곧 10년이다. 골디락스 경제로 돌아갈 기미가 보이지 않는다. 정확하게는 미국만 골디락스 경제를 구가하고 있다.

낮은 물가와 적당한 수준의 성장률이 장기간 지속하는 것, 그것이 골디락스 경제다. 그러나 아무도 눈치채지 못하는 사이 전 세계 주택시장에 거대 버블이 만들어지고 있었다. 사실 집값이 상승하는 것은 많은 사람에게 즐겁고 행복한 일이었다. 집이 없는 사람들도 행복하긴 마찬가지였다. 꺼지지 않고 올라가기만 한다면 누구든지 내 집 마련 대열에 동참할 것이기 때문이다. 은행들은 집값이 상승할 것을 예상하여 집값의 110%까지 대출을 해줬다. 1억 원짜리 집에 1억1천만 원을 대출해준다고 무슨 대수인가. 곧 집값이 1억3천만 원으로 올라서 담보비율이 80%나 그 아래로 떨어질 것이 뻔한데.

은행은 주택 구매자에게 앞다투어 대출을 해줬다. 신용이 부족한 사람도 관계없었다. 서브프라임 모기지 채권이라고 하는 마법의 지팡이가 부족한 신용을 채워줬다. 집값의 110%를 대출받은 사람들은 나머지 10%를 소비에 사용했다. 숙원이던 내 집 마련이 되었으니 침대, 소파, 가전제품까지 모두 새것으로 바꿨다. 승용차도 새로 구매했다. 이렇게 주택시장과 소비시장이 과열을 향해 치달았다.

불길함의 전조는 2006년 6월부터 나오기 시작했다. 하늘 높이 치솟기만 하던 집값이 꺾이는 신호가 미국에서부터 시작되었다. 집값이 꺾이면서 주택담보대출을 취급하던 금융기관들의 재무상태에 파열음이 나오기 시작했고, 2008년 8월 드디어 리먼브러더스가 파산하면서 서브프라임 모기지 채권발 금융위기가 쓰나미처럼 전 세계를 휩쓸고 지나갔다. 이때부터 지금까지 10년에 가까운 세월은 그야말로 장기 저성장 국면이 세계를 지배했다. 기업들은 줄줄이 쓰러졌다. 구조조정 여파로 직장을 잃은 사람들은 미국 월가 앞에 모여 '월가를 점령하라*Occupy Wall Street*'는 구호를 외쳐댔다.

가장 먼저 경기부양 조치에 들어간 것은 미국이었다. 벤 버냉키*Ben Bernanke* 미국 연방준비제도이사회 의장은 서둘러 금리를 낮췄다. 5%대의 기준 금리는 신속하게 0%까지 내려갔다. 이름하여 제로^0 금리다. 제로금리의 사전적 의미는 은행에 돈을 맡겨도 이자를 주지 않겠다는 뜻이다. 그것으로 부족하여 헬리콥터로 돈을 살포하듯이 금융시장에 돈을 공급했다. 벤 버냉키 의장의 별명이 '헬리콥터 벤'이 된 것도 이런 이유에서다.

유럽은 한술 더 떴다. 서브프라임 금융위기로 인하여 유럽 각국은 적자재정을 펼쳤다. 통화정책은 EU의 유럽중앙은행*ECB*에서만 실시할 수 있었으므로 경제 위기를 맞이하여 유럽 각국이 할 수 있는 것은 적자재정을 펼치는 일이었다. 이것이 결국 재정위기로 번지게 되는 실마리가 됐다. 각국의 적자가 감당할 수 없는 수준으로 누적

되어 남유럽 각국이 국가부도 사태에 직면하게 된 것이다.

이에 유럽중앙은행 마리오 드라기*Mario Draghi* 총재는 마이너스 금리라는 초유의 카드를 빼 들었다. 은행에 돈을 맡기려면 이자를 내고 맡기라는 의미이다. 현금을 보관하려면 보관료를 내라는 것인데, 마이너스 금리가 그리 생소한 일만은 아니다. 서부 개척시대 미국 은행들은 돈을 맡기면 보관료를 받았다. 돈을 운용해서 버는 수익보다 제시 제임스*Jesse James* 같은 갱단에게 강도당할 일이 더 많았기 때문이다. 강도를 막으려면 현금 수송차와 무장 경호원을 배치해야 하고 그것이 너무 큰 비용이 드는 일이니 보관료를 내고 맡기라는 것이다.

일본의 제로금리는 이미 20년도 넘은 이야기이다. 제로금리라고 실제 '0'은 아니었지만, 그에 준하는 수준의 금리가 지속하였다. 최근에는 구로다 하루히코黑田東彦 일본은행 총재도 마이너스 금리 대열에 동참했다. 그 결과가 그리 만족할 만한 수준은 아니지만 구로다 총재로서도 별다른 선택 대안이 없었다.

이렇게 제로금리 시대는 시작되었다. 그나마 서브프라임 사태 이후 조금씩 회복의 조짐을 보여온 미국이 단 한 차례 2015년 말에 겨우 25bp* 올렸을 뿐이다.** 미국의 재닛 옐런*Janet Yellen* 연준 의장은 2016년에는 수차례 금리를 인상할 것이라는 암시를 보냈다. 최대 4차례25bp씩 4차례면 1%가 된다 금리

* basis point를 말한다. 1 basis point는 0.01%이며, 따라서 25bp는 0.25%와 같다.

** 이 책이 출간되고 난 이후인 12월 미국 연방공개시장위원회(Federal Open Market Committee) 정례회의에서는 또 한 차례 25bp 금리 인상을 단행할 가능성이 있다.

* 영국 Britain과 탈퇴
Exit의 합성어

인상이 단행될 것이라는 예상이 가장 많았다. 그러나 옐런 의장은 뜻하지 않은 암초를 만났다.

바로 영국이 EU 탈퇴를 결정한 것이다. 브렉시트^{Brexit}는* 전 세계 금융시장을 요동치게 하였다. 이탈리아 주식시장은 국민투표 당일 무려 12%나 폭락할 정도였다. 브렉시트는 세계 경제를 크게 위축시킬 수소 폭탄급의 이벤트다. 여기에 유럽 다른 나라들까지 동참해서 EU가 붕괴할 경우 유럽 경제는 10% 이상 퇴보하게 될 것이라는 분석도 있다.

미국은 금리 인상을 개시하기는 했지만, 그 속도는 매우 더딜 것이다. 유럽과 일본은 어쩌면 이미 마이너스로 내려간 금리를 더 낮춰야 할지도 모르는 상황에 부닥쳤다. 제로금리 시대는 앞으로도 당분간 더 지속할 것처럼 보인다. 세계 경제가 장기 조정국면에서 벗어날 실마리가 별로 보이지 않기 때문이다. 페넬로페가 베 짜기를 지속하는 한 어떤 귀족의 구혼 노력도 허사가 될 것이다. 그리고 페넬로페는 아직도 마음을 열 준비가 되지 않은 것처럼 보인다.

제로금리
시대

우리나라 94학번들은 자신을 스스로 '저주받은 학번'이
라고 부른다. 대학 4학년을 마치고 취직해야 하는 시점에 외환위기
가 터졌다. 그때는 외환위기나 모라토리엄^{Moratorium}이 무슨 뜻인지도
몰랐다. 나라가 달러가 부족해 외채를 갚지 못하는 상황이 되었다.
또 그 부족한 달러 문제를 해결하기 위해 IMF에 구제 금융을 신청해
야 한다는 것 정도로만 알았다.

외환위기의 진정한 의미는 그들이 취업시장에 나서면서부터 체
감하게 되었다. 정말로 운 좋은 소수를 제외하고는 일자리를 찾을
수 없었다. 직전 세대까지만 해도 대학을 졸업하면 웬만큼 원하는
직장에 어렵지 않게 일자리를 구할 수 있었다. 물론 1980년대 졸업
한 선배들에 비하면 좋은 일자리를 구하는 것이 그리 녹록지 않은

일이 되긴 했지만 그래도 이 정도면 다행이다 싶을 정도의 일자리와 타협할 수는 있었다.

그러나 사정이 달라졌다. 외환위기를 맞이한 은행과 기업은 구조 조정을 강요당했다. 500~600%에 달하는 부채비율을 150% 미만으로 낮춰야 했고, 적자 사업을 정리하고 잉여인력을 해고하여 수익성을 소위 글로벌 스탠다드*Global Standard* 수준으로 높여야 했다. 데리고 있는 직원도 내보내야 하는 판에 신입직원을 뽑을 틈은 없었다.

신입사원 채용 합격통지서를 받은 기쁨도 잠시, 상당수가 합격취소통지서도 받아들었다. '당신을 신입사원으로 뽑으려고 했으나, 회사 사정이 어려워져서 뽑을 수 없으니 다른 일자리를 알아보라.' 이런 뜻의 무미건조한 서류 한 장이 취업지망생에게는 날벼락과도 같은 충격이 되었다. 학생들은 서둘러 대학원에 진학했다. 일부는 군대에 입대했다. 2년쯤 지나면 회사 사정이 나아질 테니 그때 다시 취업의 문을 두드리면 될 것 아닌가 하는 계산이었다.

그러나 이것은 단지 희망 사항에 불과했다. 대학원을 졸업할 때에는 대우사태가 터졌고, 그 뒤에는 카드대란이 기다리고 있었다. 취업시장의 높은 문을 좀처럼 열 수 없었던 세대다. 이들 세대에는 유난히 자영업 비율이 높다. 우리나라 노동시장 특성상 때를 놓쳐 취업을 포기한 경우가 많았기 때문이다.

그리고 이들 세대의 여성 중에는 미혼이 유난히 많다. 요즘 골드

미스^{Gold Miss}라고 하는 사람들이 그 나이 또래다. 취업이 늦어지면서 결혼을 미뤘으나 결혼을 할 수 있을 정도로 재정적 여력을 갖추게 된 때는 이미 혼기를 놓친 후였다. 사실 이들을 전후로 여성들 사이에 미혼이 급격하게 늘어났다. 그리고 당연히 출산율도 빠른 속도로 떨어졌다. 이것은 여담이지만, 출산율 제고 정책은 조혼^{早婚}에 더 집중해야 한다. 만혼이나 미혼이 출산율 하락의 가장 근본적인 원인이기 때문이다.

94학번들은 그렇게 외환위기를 이해했다. 그러나 우리는 모두 외환위기를 맞이하고서도 외환위기의 진정한 의미를 몰랐다. 이제 와 돌이켜보면 외환위기는 '이제 고도성장은 끝났다.'는 성장 신화의 종언이었다. 성장 신화의 종언, 그것을 다른 말로 표현하면 디플레이션이다. 제로⁰ 성장, 제로 일자리, 제로금리 모두 디플레이션의 다른 말이다. 지금 우리는 제로금리 시대를 향해 빠르게 전진하고 있다.

제로금리 시대. 이것이 무엇을 의미하는지 우리는 사실 제대로 알지 못한다. 제로금리 시대가 오면 세상이 어떻게 바뀌게 되는지 말이다. 단순히 돈을 맡겨도 은행이 이자를 주지 않는다는 사전적 의미만 우리는 알고 있다. 하지만 그 이면에 무엇이 도사리고 있는지는 제대로 이해하지 못한다. 마치 외환위기를 맞이했던 94학번 졸업생들이 그게 취업난이라는 것을 깨닫게 된 것은 차갑게 얼어붙은 취업시장과 맞닥뜨리면서부터였던 것처럼 말이다.

제로금리 시대가 오고 있다. 아니, 이미 제로금리 시대다. 원하던, 원하지 않던 피할 수 없는 현실이다. 제로금리가 반가운 사람도 있다. 대출받아서 돈을 써야 하는 사람들이다. 1억 원을 빌려도 이자 부담이 얼마 되지 않는다. 1980년대는 1천만 원 대출하면 내던 이자를 이제는 1억 원쯤 대출해야 낸다. 목에 힘주는 사람도 있다. 시내에 빌딩 하나 가지고 또박또박 월세를 받는 사람이다.

공무원은 말할 것도 없다. 연봉 오천만 원짜리 공무원은 '걸어 다니는 50억 원'이다. 일반 회사와 달리 공무원이니 해고될 이유도 없고, 월급이 밀리는 때도 없다. 은행에 50억 원 넣어두고 이자 오천만 원 받는 것과 다름없다. 정년퇴직 후에는 공무원연금이 든든하다. 공무원이 가장 유망한 직종, 유망한 남편감이 된 것도 이런 이유이다. 최근 7급 공무원 공채 시험에 장안의 명문 SKY 대학 출신들이 대거 몰린 것도 다 근거가 있는 것이다. 안전한 직장을 찾는다고 비난부터 할 일이 아니다. 고시학원이 터져나간다고 혀를 찰 일도 아니다. 사회적인 문제로만 보지 말고 투자자의 눈으로 보자. '안전한 월급, 안전한 연금', 아무리 계산기를 두드려도 그만한 투자처는 없다.

제로금리가 반갑지 않은 사람은 누가 뭐래도 이자 생활자이다. 은행에 돈을 넣어 놓아봐야 이자가 안 나온다. 2000년대 중반만 해도 3년짜리 정기예금 금리가 10%대를 유지하고 있었다. 퇴직금 1억 원을 일시금으로 받아서 은행에 넣어두면 최소 연 1천만 원은 이자로 받을 수 있었다. 그런데 요즘은 1억 원을 은행에 넣어도 월 10만 원의 이자도 받기 어렵다. 특판 금리라고 해도 연 2%를 찾기가 쉽지 않다. 이자소득세 22%를 원천 징수당하고 나면 그야말로 쥐꼬리다.

　몇 년 전 저축은행 대량 부실화 사태가 터졌다. 그때 당한 사람 대부분이 이자 생활자였다. 저축은행이라는 것이 허울 좋아 저축은행이지, 옛날 상호신용금고다. 서민들로부터 예금을 받고 서민에게 대출해주는 지역 기반의 서민 전문 금융기관이었다. 은행에 비하면 신용도가 한참 떨어지는 금융기관이라서 웬만한 사람은 이용하지 않던 금융기관이 상호신용금고였는데, 어느 날 갑자기 '은행'이라는 이름을 달았다. 그 순간부터 이들은 신용도를 얻었다.

　저금리 시대에 돈을 굴릴 곳이 없어진 이자 생활자들은 상대적으로 높은 예금 금리에 '은행'이라는 이름이 주는 신용도까지 갖춘 저축은행으로 몰리게 되었다. 4% 이자의 유혹을 이기지 못하고 저축은행 후순위채권으로 몰렸던 이들이 이자는커녕 원금도 제대로 건지지 못하게 된 것이 저축은행 사태였다.

　어떻게 보면 우리도 레밍스와 다르지 않다. 우리가 열심히 뛰어가는 곳이 어딘지 알지 못한다. 저축은행의 4% 금리가 무엇을 의미하는지 몰랐던 것처럼 제로금리가 무엇을 의미하는지 모른다. 그 이면에 어떤 위험이 도사리고 있으며, 어떻게 대처해야 하는지 알지 못한 채 몰려다닌다. 그 끝에 절벽이 기다리고 있는지, 아니면 대초

원이 펼쳐져 있는지 모른 채 말이다.

제로금리 시대는 원한다고 피할 수 있는 것이 아니다. 그것은 거스를 수 없는 대세다. 아무도 그 물꼬를 되돌릴 수 없다. 그 어떤 정치인도 해낼 수 없고 아무리 뛰어난 정책담당자나 시대의 석학도 피할 방법을 만들 수 없다. 오로지 그에 대처할 수밖에 없다. 제로금리는 쓰나미처럼 우리를 휩쓸어갈 것이다. 손 놓고 넋 놓고 있던 사람들은 쓸려갈 것이고, 미리 준비한 사람만 살아남게 될 것이다.

최소한
40년은
현금이 왕이다.

우리는 이미 '새로운 세상'과 마주하고 있다. 그렇다는 사실을 알고 있기도 하다. 하지만 새로운 세상에 맞게 행동하지는 않는다. 일부는 알지도 못하고, 일부는 알아도 확신이 없다. '혹시나 내가 틀렸으면 어쩌지, 고점인 줄 알고 팔았는데 더 올라가면……' 하는 심리다. 다시 주워 담을 수도 없는 일이니 말이다. 그래서 성공은 과감한 용기를 요구한다. 용기가 없으면 성공으로 가는 열차가 지나가는 것을 뻔히 보면서도 올라타지 못한다. 남는 것은 용기를 낸 소수가 이룬 성공을 보며 막심한 후회를 하는 것뿐이다.

우리가 마주하고 있는 것은 '저성장·저물가·저금리'의 세상이다. 일시적인 것이 아니다. 추세적 전환이고 구조적 함정이다. 패러다임

자체가 바뀌었다. 우리는 이미 2000년대 들어서 장기간 지속한 저성장의 덫에 빠져 신음하고 있다. 아직 혹시나 하는 기대 때문에 선뜻 받아들이지 않는 것뿐이다. 그 혹시나 때문에 우리는 '747^{7% 성장, 1인당 소득 4만 달러, 세계 7위 경제 대국} 공약을 내건 이명박 후보를 대통령으로 당선시켰다. 물론 7%는 언감생심이었다.

아버지 고 박정희 전 대통령의 성장 신화를 다시 한 번 기대하면서 '줄푸세'와 '창조경제'를 내놨던 박근혜 후보를 대통령으로 뽑았다. 지금 3년도 훨씬 넘게 지난 이 시점에 성장률은 3%에도 미달하고 있다. 이명박과 박근혜 두 대통령이 뭘 잘못해서 경제가 살아나지 않는 것일까? 아니다. 우리 경제에는 이미 장기 저성장 구조가 고착화한 것이다. 그 누가 대통령이 되어도 물꼬를 바꿀 수는 없다. 우리가 아쉬운 마음에 기대를 접지 않고 있는 것뿐이다.

우리는 이제 '디플레이션'이라는 세상으로 진행하고 있다. 아직 플러스 성장을 하고 있고 플러스 금리이니 기술적으로는 디플레이션이 아니다. 하지만 성장률 자체가 하락하는 국면에 있다. 잠재성장률이 2%대로 진입한 지는 이미 오래다. 시간이 가면 갈수록 '제로⁰ 성장' 시대를 향해 가게 될 것을 우리는 모두 알고 있다. 아는 수준을 넘어 공감하고 또 인정하고 있다.

그런데도 우리는 선뜻 부동산을 팔지 못하고 있다. 그 이유는 간단하다. '팔고 나서 집값이 오를까 봐.'이다. 그렇다고 부동산을 사지도 못한다. 역시 간단한 이유다. '샀는데 더 떨어지면 어떡하나?'하는 심리다. 새로운 것과 마주할 용기를 내지 못한다. 용기가 나지 않을 때는 현상을 유지하는 것Status Quo 외에는 할 수 있는 것이 없다. 하지 만 제자리걸음은 퇴보를 의미한다.

새로운 세상은 저물가·저금리 시대다. 어쩌면 10년 후 즈음에는 여러분도 마이너스 금리를 만나게 될지 모른다. 물가가 마이너스를 기록했다는우리 경제가 디플레이션에 진입했다는 정부의 공식 선언을 듣게 될지도 모른다. 지금은 아무도 그런 가능성에 대해 상상도 안 하고 있다. 마 치 1997년 말, 임창렬 경제부총리가 대한민국의 모라토리엄Moratorium 을 공식 선언하기 전까지 우리가 모라토리엄이라는 것이 있는 줄도 몰랐던 것처럼 말이다.

지금은 그때보다는 경제에 관해 많이 알게 되어 디플레이션과 마 이너스 금리의 가능성도 알고 있다. 그러나 그 발생 가능성에 대해 서는 반신반의하고 있다. 그러나 설마가 사람 잡는다. 우리 경제가 이미 사실상 제로금리 시대로 들어섰듯이, 마이너스 금리 시대도 곧 온다. 마이너스 금리 시대에는 경제 주체로서 또는 투자자로서 어떤 선택을 하는 것이 합리적일까. 굳이 경제학 이론을 들먹이지 않더라 도 제로금리 시대에 은행에 돈을 넣어두는 것은 바보 같은 짓이다. 다른 투자 기회를 잃는다는 점에서 기회 손실이 발생한다. 어딘가에 1% 이자를 주는 곳이 있다면 이자가 하나도 붙지 않는 은행 예금을 선택할 필요는 없다.

그렇다면 어디에 투자해야 할까? 디플레이션 시대, 사실상 제로 금리 시대에 돈은 갈 곳을 찾지 못하고 표류하고 있다. 저금리 장기화로 시중에 돈은 넘쳐나는데 투자할 곳은 마땅치 않다. 요즘의 조달 금리를 따져보면 3% 수익만 보장되어도 황송하다. 3% 수익을 찾아 돈이 몰려다니고 있다. 강남 재건축 아파트로 몰려가고, 상업용 부동산으로 몰려간다. 전셋값이나 매매 가격이나 별 차이가 나지 않는 상황에서 대출을 조금 끼면 집을 살 수도 있다. 전세로 옮겨 다니기도 지겨운 일이고 이자라고 해봐야 몇 푼 안 된다. 좀 적은 돈조차 주식시장으로 몰려가니 예금으로 놔두는 일은 바보짓이다.

그러나 한 번만 세상을 다르게 보자. 다른 레밍스처럼 부동산을 향해 '돌격 앞으로'를 외치지 말고. 이 길이 정말 맞는 길인가를 생각해보자. 저 앞에 절벽이 기다리고 있을지도 모르는 일 아닌가. 디플레이션 시대라고 이야기하는데, 디플레이션이면 부동산 가격도 하락할 것이다.

그리고 부동산은 말 그대로 '부동자산不動資産'이다. 유동자산流動資産의 반대말이다. 유동화나 현금화가 어려운 자산이다. 다시 말해 팔고 싶을 때 바로 팔 수 있는 자산이 아니라는 뜻이다. 알다시피 부동산 시장은 '매수자 우위'냐 '매도자 우위'냐에 따라 가격 변동이 심하다. 매매가 잘되는 시기는 잠시뿐이다. 주식시장으로 치면, 매수자 우위 시장에서는 하한가에 매물이 쌓이고 쌓여도 거래가 안 된다. 기세 하한가다. 그래도 주식은 언젠가는 팔린다. 부동산은 팔리지도 않는다.

　중요한 것은 유동성, 즉 현금이다. 우리는 현금의 위력에 대해 잊고 살고 있다. 그도 그럴 것이, 지난 반세기를 부동산이 왕인 세상에서만 살아봤기 때문이다. 그사이 부동산은 무지막지하게 값이 올랐고, 주식도 겁나게 가치가 올랐다. 둘의 차이는 부동산은 실물이기 때문에 망하지 않지만, 주식은 회사가 망하면 휴지가 된다는 차이이다. 그래서 우리나라 사람들은 부동산을 선호해왔다. 망하지 않는 안전자산安全資産, Safe Asset이라고 생각하는 것이다. 지금 이 순간에도 사람들은 미친 듯이 부동산을 사고 있다. 비단 아파트뿐만이 아니다. 수익형 오피스텔, 상가, 토지 등 거의 모든 부동산이 다 오르고 있다. 수익형이든 아니든 무조건 산다.

　이쯤에서 상가를 예를 들어 보자. 지금 서울 시내 상가들은 3% 미만에서 거래되고 있다. 은행 이자나 별반 차이가 나지 않는다. 그 유명한 테헤란로의 상가들도 한 개 층이나 두 개 층이 통째로 비어있다. 그래도 3%도 안 되는 수익률에 매매가 이루어진다. 왜 그럴까? 차라리 은행에 돈을 넣어두는 것이 훨씬 유리할 텐데 말이다. 필요할 때 바로 꺼내서 쓸 수도 있다. 어차피 인플레이션도 높지 않아서 돈의 가치가 크게 훼손되지도 않는 상황인데도 불구하고 부동산을 매입하는 것은 미래의 자본이득Capital Gain을 기대하고 있다는 의미이다.

미래의 자본이득은 어떻게 발생할까? 자본이득은 두 가지 원인으로 발생한다. 첫째 해당 부동산의 생산성 향상이다. 쉽게 말해서 쌀두 가마 나오는 논을 한 가마만 나오는 논과 비교할 때 값이 두 배가되어야 함은 말할 나위가 없다. 이것을 경제학적으로는 그 유명한리카르도David Ricardo의 차액지대설Differential rent theory이라고 한다. 부동산의 개발 호재가 있던지, 아니면 커다란 기업이 이주해 들어오던지, 그것도 아니면 어느 날 갑자기 관광객이 몰려오기 시작하는 등의 것들이다. 이것은 개별 물건별로 상대적 관점에서의 가격 상승이다.

물론 국가 전체적으로도 적용될 수 있다. 한국의 경제 성장이 빨리 일어날 때는 한국의 땅값이 중국이나 일본보다 빨리 상승할 수밖에 없다. 이것 역시 상대적 관점이다. 한국, 중국, 일본을 보자. 일본부동산은 제자리걸음이고, 한국은 걸어가는 모습이고, 중국은 날아가고 있다. 각 나라의 경제성장률과 부동산 가격 상승률은 궤를 같이한다. 특정 지역의 수요 증가도 차액지대설의 일부다.

부동산 가격 상승의 또 다른 원인은 바로 인플레이션이다. 아무런 이유가 없어도 돈이 풀리면 돈이 부동산 가격을 밀어 올린다. 물가가 상승하는 만큼 부동산 가격도 따라 상승할 수밖에 없는 것은자명한 이치이다. 돈이 풀린다는 것은 물가가 오른다는 것을 말하고 부동산 가격은 오르게 된다. 이 부분은 앞에서 언급한 고전학파 경제 이론의 화폐수량설 The quantity theory of money과 궤를 같이한다. 단, 돈이 풀린다고 항상 부동산 가격이 오르는 것은 아니다. 풀린 돈이 물가 상승을 유발할 수 없는 상황이라면 부동산 가격도 꼼짝할 수 없다.

그렇다면 지금 우리의 경제 상황은 어떠한가? 생산성 향상이 있는가. 그렇지 않다. 경제가 빠르게 성장하지 못하고 있을뿐더러 마이너스 성장도 감수해야 할 상황이다. 통일되거나 이민을 받지 않는다면 우리나라도 일본처럼 방법이 없는 것은 마찬가지다. 노벨상을 몇십 개나 받은 일본도 인구 문제 하나를 헤쳐 나가지 못한다. 그러면서 '경제는 인구 파동'이라는 말을 입버릇처럼 외쳐대는데, 우리만 용-빼는 재주가 있어서 이 문제를 풀어낼 수 있을까?

더구나 만성적 수요 부진이 초래한 장기 저성장또는 마이너스 성장 국면이라 돈을 푼다고 해서 물가가 자극받지도 않는다. 저물가가 굳어져 가고 있고 장기적으로는 물가가 하락하는 디플레이션을 피하기도 어렵다. 그렇다면 우리나라의 생산성 증가경제 성장도 이루어지지 않고 물가도 제자리걸음인데 부동산 가격은 오를 수 있을까? 2030년을 가정한 상황이니 아직 디플레이션을 논하기는 조금 이르긴 하다. 그러나 그날은 반드시 온다. 부동산은 매매가 어려워질 것이다. 그렇다면 그 땅덩어리 어디에다 쓸 것인가? 현금을 보유하는 것이 훨씬 유리하다.

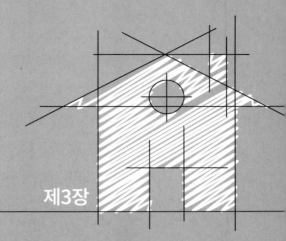

제3장

중기 자산배분
원칙을
지켜라.

실물을 팔고
유동성에
투자하라.

이제 저성장−저금리 시대의 자산 배분 원칙으로 넘어가자. 사람들은 현금이 생기면 최대한 빨리 실물 자산으로 바꾸려고 한다. 은행 예금, 주식, 채권, 부동산 이런 것들이다.[*] 그중에서 부동산에 대한 우리나라 사람들의 사랑은 유별난 편이다. 토지, 아파트, 상가 등 그 종류를 불문하고 사랑한다.

사실 우리나라 사람들은 현금을 좋아하지 않는다. 정확하게는 이자부 증권*Interest bearing securities*을 선호하지 않는다. 부동산이나 주식 가치가 상승해온 것에 비해서는 이자가 별것 아니었기 때문이다. 사실 이자는 금리가 아무리 높아도 부동산 투자 수익

[*] 은행 예금도 이자를 받는 투자자산이다. 예금은 현금이라고 생각하기 쉬우나, 정확하게는 현금인출권이라는 자산이다. 예탁 기간에 은행이 부도가 날 때 현금으로 찾는 데 많은 제약이 생기기도 하고 또 예금 보장 한도를 넘어서는 금액에 대해서는 찾을 수 없을 수도 있다는 점을 유념하여 생각해 보자.

률을 이길 수 없었다. 1970년대 용인에서 3.3㎡당[1평당] 1천 원 하던 땅이 지금은 1천만 원을 넘어서는 곳이 수두룩하니 어떤 이자로도 1만 배의 투자 수익률을 넘길 수 없었다.

토지를 보는 눈이 없으면 아파트라도 사놔야 했다. 토지는 개발되어야 가격이 올라가는 것이니 자리를 잘 보고 고르든지 아니면 개발 정보를 입수해야 했다. 그러나 아파트는 이미 개발된 자리에 대한 투자다. 아파트 투자가 은행 이자를 이긴다는 점은 증명된 사실이기 때문에 노른자위 아파트만 사놓으면 되었다. 이와 같은 생각이 우리 국민 사이에 널리 퍼져있다는 점을 부인할 사람은 없다.

그러나 앞으로는 현금, 즉 유동성을 중심으로 관점을 바꿔야 한다. 디플레이션 시대에 들어가면 현금이 부동산보다 훨씬 가치방어에 유용한 수단이 된다. 동시에 부동산은 유동성이 크게 떨어진다. 가치 하락 시대에 부동산을 살 사람이 줄어들기 때문이다. 유동화가 필요한 경우 부동산은 처치 곤란한 자산이다.

예를 들면, 2000년대 초반 인기가 높았던 타운하우스들이 지금은 애물단지로 전락했다. 좀 넓은 집에 살아보자는 사회적 분위기에 많이 분양되었던 것인데, 여기서 아무리 아껴가며 살아도 월 관리비가 100만 원이 넘게 나오다 보니 생활비 고통이 이만저만이 아니다. 팔려고 내놔봐야 사려는 사람조차 없다. 매매가 전혀 이루어지지 않을 뿐더러 전세 세입자도 찾기 어렵다. 그렇다고 집을 버릴 방법도 없다. 빈집으로 남겨놓아도 또박또박 관리비나 재산세를 내기는 마찬가지다. 결국, 직접 살면서 고통받는 것밖에 다른 방법이 없다.

자산에서 부동산이 차지하는 비중을 서서히 줄여가는 것이 좋다. 미국이나 일본처럼 40% 수준으로. 하지만 이 40%도 부동산에 투자한 것이 아니다. 제로금리의 디플레이션 시대에 부동산 투자나 은행 예금은 수익이 발생하지 않는다. 부동산 투자나 은행 예금이나 똑같이 제로 수익이라고 하면 임대해서 사는 것이나 내 집에서 사는 것이나 금융 측면에서는 차이가 없을 것이니, 결국 주거 형태^{자가 또는 타가}에 대한 개인의 선호 차이만 생긴다고 봐야 한다. 부동산 자산 40% 선이 그 일반적 수준이 될 것이다.

기회를
매수하라.

실물 자산을 줄인 비중으로 '기회'를 매수할 것을 권하고 싶다. 항상 일정 부분의 유동성을 포트폴리오에 편입하기를 권한다는 말이다. 인플레이션도 디플레이션도 없는 시기에 유동성^{현금}은 완벽하게 가치방어가 된다. 현재 100원인 투자자산의 가격이 1년 후에도 100원으로 유지된다면 현금 100원의 가치는 지금이나 1년 후나 똑같다. 완벽한 가치방어다. 따라서 이럴 때는 투자자산을 보유하는 것이나 현금을 보유하는 것이나 차이가 없다.

인플레이션 시대에는 현금은 빨리 버려야 하는 자산이다. 가치방어가 안 되기 때문이다. 오늘 100원이면 살 수 있는 투자자산이 1년 후에 120원이 되는 것이 확실할 때 현금을 보유하는 것은 바보짓이다. 반대로 디플레이션 시대에 투자자산은 가치방어가 되지 않고 현금에서 투자수익이 발생한다. 현재 100원은 1년 후에도 100원이기는 하지만, 투자자산이 1년 후 80원으로 가격이 하락하면 투자자산을 사고도 20원이 남는다. 그 20원이 투자수익이다. 디플레이션 시대에는 현금도 훌륭한 투자자산이 된다는 점을 기억해야 한다.

사실은 여기에 한 가지 관점을 더 고려해야 한다. 실물은 위험이고 유동성은 기회다. 특히 디플레이션 시대에는 더욱 그렇다. 지금 100원의 자산이 1년 후 80원으로 하락한다고 하면 해당 투자자산을 보유하는 것은 하방 위험을 보유하는 것이다. 반대로 해당 투자자산을 매도하고 현금화한다면 1년 후 같은 투자자산을 80원에 살 기회를 얻을 수 있다.

장기 디플레이션 시대에 하방 위험을 지닌 부동산을 보유할 이유는 많지 않다.[*] 그것은 80원에 살 기회를 포기하는 바보 같은 짓이다. 디플레이션의 시대는 거의 항상 과매도로 매수 우위의 시장이 형성된다. 이럴 때는 현금^{구매력}을 갖춘 매수자가 부르는 값이 가격이 된다. 이런 기회는 현금을 일정 부분 보유하는 경우에만 포착할 수 있다.

다만 이것이 워렌 버핏^{Warren Buffet}류의 '장기투자' 방식을 포기하라는 말로 이해하지는 말기 바란다. 특히 주식투자에서 보유 주식을 100원에 팔고 80원에 되사면 20원을 버는 기회가 눈에 보인다.

[*] 많지 않다는 것은 일반론이다. 각론으로 들어가면 디플레이션에도 불구하고 보유할 필요가 있는 경우도 많다. 또한, 디플레이션 시대에도 가치가 상승하는 자산이 있을 수 있다.

이것은 단타 위주의 주식투자 방식이고 훌륭한 투자 방식임이 틀림 없다. 그러나 원래 장기투자를 하던 사람이라면 단타 위주로 투자 방식을 바꾸지는 말라는 말이다. 장기투자도 어떤 면에서는 워런 버 핏이 증명해 보인 것처럼 단타보다 훨씬 좋은 장점이 있다. 여기에 서 100원짜리 위험자산을 팔고 80원에 살 기회를 잡으라고 하는 것 은 부동산 디플레이션 시대에 그렇게 하라는 말이다.

부동산만 위험자산인 것도 아니다. 주식도 마찬가지다. 내수 디 플레이션의 시대에 내수기업의 실적이 좋을 리 없다. 주가는 점차 하락 국면으로 들어갈 것이 뻔하다. 일본에서 백화점과 같은 내수 관련 기업들이 디플레이션의 장기화에 따라 경영 악화로 줄줄이 문 을 닫은 점을 상기해봐야 한다.

수출기업들이라고 그다지 좋은 것도 아니다. 세계시장을 개척하 였으니 내수기업보다 상대적으로 여력이 좀 더 있을 수는 있다. 하 지만 원화 가치 강세가 우리 수출기업들의 실적을 옥죄게 될 것이 다. 디플레이션은 내수 부진을 뜻하므로 불황형 경상흑자를 초래 할 수밖에 없다. 원화 가치는 우리의 경상흑자보다는 미 연준의 금 리 정책과 미 재무부의 환율평가보고서에 더 크게 영향을 받는 것이 사실이다. 그러나 경상흑자가 너무 오래가면 원화 가치 강세는 피할 수 없는 법이고 수출기업의 수익성 악화도 피할 수 없게 된다. 이를 우회하기 위하여 생산기지 해외 이전이 일어나게 되고 국내에는 일자리가 창출되지 않는다. 이어 내수 부진은 심화하고 불황형 흑자는 규모가 더 커진다. 원화 가치는 더 강세로 가게 되고 수출기업들의 주가도 좋을 리 없다. 니케이225 지수가 7천 선을 밑까지 하락한 것도 다 이유가 있는 것이다.

유동성은
유동성으로
끝난다.

유동성과 자산 사이에서 적당한 트레이드를 해야 한다. 과거 부동산 불패 시대에도 부동산을 사서 무조건 보유한다고 돈을 버는 것은 아니었다. 부동산도 적당한 시기에 팔고 다른 부동산으로 갈아타야만 수익을 가져다주었다. 개발이 완료되어 더는 올라가지 않고 안정된 동네에 계속 머무는 것은 수익을 가져다주지 않는다. 매 시기 가장 빠르게 개발되는 곳으로 옮겨 다녀야 계속해서 돈을 벌 수 있다. 예를 들면, 분당에서 판교로 또 광교로, 소형에서 중형을 거쳐 대형으로 이동하였다가 다시 중소형으로 옮겨 타는 것이 수익을 가져다주는 길이라는 말이다.

유동성은 다양한 형태의 자산으로, 또다시 유동성으로 이동해야 한다. 다만 두 가지를 유념할 필요가 있다. 첫째, 언제든지 유동성으로 바꾸기 쉬운 자산이어야 한다. 토지보다는 아파트가 유동성이 높고 아파트 중에서도 중소형이 더 유리하다. 또 부동산보다는 금융자산이 유동화하기가 훨씬 쉽다. 둘째, 장기적인 관점에서* 부동산은 비중을 축소해야 할 자산이라는 점이다.

이와 같은 두 가지 조건에 부합하는 자산 배분 전략은 주로 현금과 금융자산 사이를 오가는 것이 될 것이다. 부동산은 단기 중기적으로 줄이지는 않더라도 늘리는 것은 바람직하지 않다고 본다.

투자 환경이라는 것은 시시각각 바뀌기 때문에 어떤 자산이 더 유리하다고 말하는 것은 곤란하다. 단, 현재는 채권시장보다는 주식시장이 유리해 보인다. 채권시장에서 오래된 마이너스 금리 시대가 거의 마무리되는 듯하다. 사실 세계 경제는 1990년대와 2000년대, 거의 20년에 걸친 골디락스 시대를 마무리하고** 2008년 이후부터의 그레이트 모더레이션*Great Moderation, 장기조정* 국면에 진입했다. 20년에 걸쳐 형성된 초대형 버블이 터졌으니*** 그 충격이 이루 말할 수 없는 것은 당연한

* 단기적 또는 중기적 관점에서는 좀 다르다. 장기 디플레이션 프레임에서는 바람직하지 않다는 것이다.

** 이 시기에도 여러 번의 경제 위기가 있었던 것은 사실이나, 전반적으로는 신경제 경기 상승 국면이라고 봐도 무방하다.

*** 서브프라임 모기지 발 경제 위기는 1929년 세계대공황급에 해당하는 초대형 경제 위기였으며, 그 극복 기간 역시 최소 5년이 걸렸다. 사실 세계대공황은 5년 만에 마무리되었는데, 그것은 제2차 세계대전이라는 전쟁 특수가 발생했기 때문이다. 그것이 아니었으면 훨씬 더 장기화했을 것이다. 서브프라임 경제 위기는 전쟁과 같은 특수가 발생하지 않는 관계로 회복이 지연된다고 봐야 한다. 아직 공급 과잉 해소, 즉 산업 구조조정도 진행형인 상태에 있다는 것은 그만큼 수요(좀 더 정확한 경제학 용어로는 유효수요)가 회복되지 않았다는 뜻이다.

이치다.

2008년 서브프라임 위기는 2012년 유럽 재정위기로 이어졌고, 또 우리나라의 가계부채 위기까지 초래했다. 이제 2016년이 마무리되면서 세계 경기는 아직도 침체 국면에서 본격적인 회복 국면에 들어간 것으로 보이지는 않는다. 본질적인 문제는 만성적 공급 과잉 문제를 해결할 산업 구조조정이 제대로 진행되지 않았기 때문이다. 세계 각국이 자국의 산업기반을 훼손하고 일자리를 줄이는 자국 기업 구조조정은 안 하려고 하다 보니 국가가 개입한 치킨게임이 진행되는 상황이다. 나라가 뒤를 봐주고 있으니 기업들이 잘 망하지 않는다.

반대로 주택가격 폭락으로 인해 부실화된 가계는 수요가 크게 늘 여력이 없으므로 공급과 수요의 불일치는 아직도 해소되지 않고 있다. 수요와 공급이 일치하는 순간이 와야만 기업 실적이 개선되고 그것이 고용 증가로 이어진다. 고용 증가는 수요 확대를 불러오고 다시 기업 실적 개선으로 이어지는 선순환을 불러오는데, 수요는 살아나지 못하고 공급은 축소되지 않아 글로벌 공급과잉이 해소될 기미를 보이지 않고 있다.

그런데도 더디기는 하지만 기업 구조조정이 장시간 꽤 많이 진행되었고, 세계의 가계는 그동안의 부채 줄이기^{Deleveraging} 노력으로 재정 건전성이 그 어느 때보다 높아졌다. 이제 다시 소비에 나설 충분한 체력을 다진 것이다. 다만 아직 2%가 부족하다. 1%는 기업 구조 조정과 고용이 아직 부족해 보인다는 점이고, 나머지 1%는 미래에 대한 낙관적 분위기를 몰고 올 계기다. 소비를 늘릴 재정적 여력이 충분한 가계가 소비에 나서지 않는 이유는 아직도 미래가 불안하기 때문이다.

특히 채권 금리가 추가로 하락하기는 쉽지 않다. 추가적인 금리 인하가 있다고 하더라도 그 폭은 그리 크지 않을 것이다. 특히 미국이 금리 인상 기조로 접어들었기 때문에 전 세계의 추가적인 금리 인하 여력은 매우 제한적이다. 따라서 이제 채권을 정리하고 주식 비중을 늘려야 할 때다. 어떤 섹터 어떤 종목인지는 개인의 선호가 다르므로 말하기 곤란하다. 단 현재는 위험 대비 수익을 따져보면 투자 우선순위는 '주식 〉 현금 〉 채권 〉 부동산'의 순서라고 판단된다. 따라서 당분간 주식과 현금에 치중하는 포트폴리오 전략이 더 낫다는 것이 개인적인 견해다.

글로벌 관점에서
기회를
모색하라.

한국은 이제 성장 동력을 많이 상실했다. 저성장-저금리 시대가 열리고 있고, 이것은 투자 기회가 줄어든다는 의미가 될 것이다. 어쩌면 머지않은 미래에 마이너스 성장-마이너스 금리-마이너스 물가를 보게 될지도 모른다. 정부, 정치권, 언론계, 학계 모두 성장과 고용부진에 대해 입만 열면 문제를 제기한다. 그렇지만 시원한 해법을 제시하는 사람은 아무도 없다. 저성장과 고용부진의 문제를 해결해 낼 수 있는 사람이 나타난다면 바로 대통령감이 될 것이다.

이미 앞에서 언급했듯이 우리 경제는 이제 대규모 고용을 유발할 수 있는 신규 산업이 남아있지 않다. 어쩌면 전 세계적으로 신산업이 없는 것인지도 모르겠다. 더구나 우리나라는 노동 인건비가 이미 오를 만큼 올라서 기존 산업도 가격 경쟁력을 잃어가고 있다. 따라서 우리나라에 대한 투자 매력도 점점 떨어지고 있다. 물론 개별 종목이나 개별 지역에 대한 투자 기회는 꽤 존재할 것이다. 그러나 국가 전체적으로는 경제 활력이 떨어지고 있어서 투자 매력도가 점점 약화하고 있다.

새로운 기회는 글로벌 관점에서 찾아야 한다. 중국, 인도, 동남아시아 등 신흥시장이나 자원 부국들에 대한 투자는 이미 다 알고 있는 것들이라고 해도 새로운 기회는 있다. 지금은 세계 경제가 침체기에 들어서서 이들 신흥 산업화 국가들의 매력도도 떨어지고 있다. 그렇지만 세계 경기가 돌아서기 시작하는 순간, 이들 국가에 대한 투자는 재조명받게 될 것이다.

자원 부국들은 자원의 종류에 따라 다소 엇갈린다. 먼저 구리, 철광석 등 산업재는 현재 바닥을 통과하고 있다. 가격이 소위 '대 바닥'에서 좀처럼 벗어나지 못하고 있다. 경기에 가장 민감하다는 구리 가격은 한때 1만 선을 넘었을 정도로 귀한 대접을 받았으나, 지금은 4,500선에서 최저가를 형성하고 있다. 철광석도 별 차이가 없다.

이들 산업재 가격은 세계 경기 사이클과 맞물려 있다. 2017년이나 2018년 또는 그 이후 언제가 될지는 알 수 없지만, 세계 경기가 회복 국면으로 돌아서기 시작하는 시점에 산업재 가격도 돌아서기 시작할 것이다. 그렇게 될 경우, 산업재 투자나 산업재 신흥국 투자는 매력 있는 선택이 될 것이다. 세계 경기 회복에 촉각을 세워둘 필요가 있는 이유다.

원유는 좀 다른 이야기가 될 것으로 보인다. 원유는 공급 문제로 가격 상승이 제한적일 것이다. 다시 말하면 원유 투자는 별 재미를 보기 어려울 것이라는 말이다. 우선 세계 원유 생산량은 하루 평균 8,300만 배럴로 금융위기 이후 줄지 않고 오히려 늘었다. 세계 경기가 침체된 상황에서 생산량 증가라니! 산유국들은 감산 합의에 나서지만, 각국의 이해관계가 달라 감산 결정을 끌어내기가 거의 불가능하다. 원유시장 점유율 하락에 대한 우려, 원유 판매 수입에 의존하는 국가 예산, 경제 제재 해제나 전쟁 등으로 발생하는 증산 소요 등으로 감산에 성공하기는 어려울 것으로 본다. 사실 OPEC이 감산에 성공한 경우는 1차와 2차 석유파동의 두 번이 전부였다고 해도 과언이 아니다.

다음은 미국의 셰일 가스다. OPEC이 감산에 성공한다고 하더라도 미국의 셰일 가스를 뛰어넘을 수는 없다. 셰일 가스는 기존의 유전과는 완전히 달라서 증산과 감산이 자유자재로 이루어진다. 마치 수도꼭지를 설치해놨다고 생각하면 된다. 가격이 높으면 수도꼭지를 열고 나쁘면 잠가버린다. 그런 셰일 가스의 손익분기점은 처음에는 원유 가격 기준 70달러였고, 지금은 기술 개발과 구조조정으로

50달러까지 내려왔다. 앞으로는 더 낮아져서 40달러 수준이 될 수도 있다는 전망도 나오고 있다. 원유 가격이 50달러 이상으로 올라가면 셰일 가스 업체들이 잠가놨던 수도꼭지를 다시 틀게 될 것이다. 원유 가격의 상승이 제한될 수밖에 없는 이유다.

마지막으로 태양광 등 신재생 에너지도 원유 가격 상승을 제한하는 요인이 될 것이다. 먼저 환경 문제를 걱정하는 지구촌 분위기는 신재생 에너지 확대와 화석에너지 축소를 촉진할 것이다. 더구나 가격 문제까지 따져보면 신재생 에너지 손익분기점은 유가 기준으로 과거 배럴당 100달러 수준에서 70달러까지 하락했다. 앞으로 기술이 발전하면서 손익분기점 가격은 점점 더 하락할 것이다. 그리고 손익분기점 가격이 하락할수록 신재생 에너지는 화석에너지의 자리를 잠식해 들어올 것이다. 따라서 앞으로 어떤 것이 될지는 모르겠지만, 패러다임의 급격한 변화가 나타나지 않는다면 원유는 그리 매력적인 투자가 되기 어려울 것이다.

수요와 공급의
기세를
이용하라.

투자 시장에서 사람들의 선택에는 이유가 있는 법이다. 사람들의 선택은 항상 현명하다. 투자자 개개인은 완전하지 않은 정보를 갖고 투자한다. 그런데도 총합으로서의 투자 결정, 즉 투자 시장에서의 컨센서스는 틀리지 않는다. 이미 로버트 루카스*Robert Lucas*가 '합리적 기대가설*Rational expectational theory*'로 입증한 바도 있다. 합리적 기대가설이란 '불완전 정보 하의 선택이론'이다. 그 이전 재닛 옐런 미 연방준비제도 의장의 남편인 조지 애컬로프*George Arthur Akerlof*에게 2001년 노벨 경제학상의 영광을 안겨 준 '비대칭 정보 하의 선택이론'과는 의미가 약간 다르다.

비대칭 정보는 어느 한쪽이 더 많은 정보를 가졌을 때 시장은 결국 망가진다는 이론이다. 애컬로프는 중고차시장에서 문제가 있는 중고

차를 파는 사람과 사는 사람 간의 정보 비대칭성으로 그것을 입증해 냈다. 이 이론은 주식시장에서 내부자거래를 금지하고 처벌하는 근거 이론이 된다. 공시제도도 이 이론에 기초하였음은 두말할 나위가 없다.

'불완전 정보 하의 선택'은 모든 투자자가 일부의 정보만 갖고 선택해도 총합으로 형성되는 시장 가격은 틀리지 않는다는 것이다. 기본적으로 집단지성과 비슷한 의미이다. 그래서 투자자들의 선택은 총합에서는 항상 현명하다. 시장을 이기려고 하지 마라. 시장에 순응하라. 이런 말들이 주식시장의 중요한 경구가 되는 것이다.

그런데 조금 다른 관점에서 시장을 보자. 주식시장이든 채권시장이든 부동산 시장이든 그도 저도 아니면 그냥 동네 마트라도 마찬가지다. 항상 좋은 매수^{투자} 기회는 시장과 반대로 할 때 잡을 수 있다. 시장을 따라가면 평균적인 수익률은 낼 수 있다. 그러나 지금 우리나라의 평균적인 수익률은 기준금리 1.25%와 비례한다. 연 5% 수익률을 만들기 쉽지 않다. 은행, 채권, 부동산 어디를 가도 마찬가지다.

주식시장은 운 나쁜 다수가 손실을 모아서 운 좋은 몇 명에게 보태주는 '한집 몰아주기 게임'이다. 더구나 기관에 맡기는 것은 고양이에게 생선을 맡기는 일이다. 결국, 증권사 직원만 돈을 벌지 펀드로 돈을 번 경우는 그리 많지 않다. 조금 버는듯하다가 왕창 물려서 본전이 되기를 학수고대하는 일과 다르지 않다. 원금의 95%를 회복해 손해가 크게 줄었다고 가슴 쓸어내리면서 환매하고 나오는 것이 펀드 아니던가.

그러나 수요와 공급의 기세를 잘 살피면 큰 기회를 잡을 수 있다. 사람들이 팔지 못해서 안달일 때 사는 것이고 사지 못해서 안달일 때는 파는 것이다. 주식시장에서 투자 산업^{업종}을 고르는 방법이고 보유 주식을 파는 방법이다. 특히 부동산 시장에서는 절대적인 투자 법칙이다. 금리가 낮아서 돈이 넘쳐난다고 얼른 부동산을 샀다가는 낭패를 보기 십상이다.

벌집 이론에서도 마찬가지이다. 아파트 가격이 오르기 시작하면 사람들은 긴가민가하면서 좀처럼 아파트 매입에 나서지 못한다. 조금 전까지 사람들이 팔자 일색이었기 때문에 확신이 없는 것이다. 그러다가 아파트 가격이 다 올라가고 '떴다방'이 뜨는 등 광기가 판을 칠 때쯤이면 어김없이 집을 사러 따라나선다. 지금 안 사면 집값이 더 올라가서 아예 집을 못 살까 봐 걱정되기 때문이다.

그러나 이렇게 시장이 광기로 가득 찼을 때는 어김없이 버블이고 매도 타이밍이다. 반대로 시장이 끝 모르게 추락하고 팔자 매물이 겹겹이 쌓이는 순간은 매수 타이밍이다. 적정 가격^{Fundamental Value}이 있는데[*] 끝없이 올라가기만 하고 또 끝없이 내려가기만 할 수 있을까? 예를 들

* 물론 그 적정 가격이라는 것이 얼마인지 알기가 쉬운 것은 아니다.

면, 다음 날이 휴일인 마트에서 영업이 끝나는 시간 즈음에 가면 신선식품을 할인하여 판매한다. 그것도 아주 크게 할인한다. 그 다음 날이 휴무일이니 이틀 후가 되면 신선식품이 상해서 팔 수 없기 때문이다. 이런 시장이 철저하게 매수자 우위 시장이다.

특히 부동산 시장은 수요와 공급이 비탄력적이어서 조그만 시장 변화로도 가격이 급등과 급락을 한다. 매수 우위가 순식간에 매도 우위로 바뀌고 그 반대로 바뀌는 일도 순식간이다. 대체로 가장 비싼 가격과 가장 싼 가격에 거래가 일어나는 것이 부동산 시장이니 추격매수나 추격매도는 항상 피해야 하는 투자 방법이다. 시장의 방향을 정확하게 읽고 시장 흐름의 반대편에 서서 기세를 활용하는 것이 큰 수익을 가져온다.

그러기 위해서는 아무도 쳐다보지 않는 것도 눈여겨볼 필요가 있다. 특히 트렌드에서 소외된 것을 눈여겨보는 본능적인 습관이 있어야 한다. 주상복합이 대세일 때 아파트를 봐야 하고, 대형 평형이 대세일 때 중소형 평형에 눈을 돌릴 줄 알아야 한다. 어떤 것이 대세가 되었다는 것은 이미 가격이 상당히 올랐다는 의미가 된다. 그때는 추가 상승 여력이 얼마 남지 않는다. 오히려 트렌드가 바뀌면 손해를 입기에 십상이다.

주식도 마찬가지이다. 지금은 기초산업이 완전 소외 종목이다. 철강, 해운, 조선, 화학 등. 모두 공급 과잉과 구조조정 압력에서 벗어나지 못하고 있다. 이들이 아무도 쳐다보지 않는 업종이기는 하지만, 조금만 긴 관점에서 보면 지금보다 이 종목들을 싸게 살 기회는 없다. 너무 일찍 사서 오래 고생할 필요는 없다. 그러나 이렇게 소외된 업종의 과매도 국면에 항상 주의를 기울일 필요는 있다. 재무적으로 건전하고 수익이 나는데도 경기 침체로 도매금으로 부실종목 취급받는 종목을 골라 투자 기회를 모색하는 것이 큰 수익을 올리는 방법이다.

가는
놈이
더 간다.

또 한 가지, 주식시장에서 아주 일반적인 격언이기도 하고 여기서 길게 설명할 필요가 없는 말이지만 꼭 짚고 넘어갈 것이 있다. 시쳇말로 '가는 놈이 더 간다.'는 격언이다. 주식시장을 보면 어떤 업종에 매수세가 들어올 때 무조건 대장주가 먼저 그리고 또 멀리 간다. 예를 들면, 반도체 치킨게임이 끝나고 업황 회복이 예상될 때 제일 먼저 가는 것이 삼성전자다. 그리고 가장 많이 오른다. 이것은 시장 지배적 사업자가 업황이 회복될 때 가장 큰 수익을 올리기 때문이다.

'이런 하나 마나 한 이야기를 왜 이렇게 장황하게 설명하지?'라고 생각하는 독자도 있을 것이다. 주식시장을 예로 든 것은 부동산 시장에 관해서 이야기하기 위해서다. 부동산 시장에도 이 격언은 똑같이 적용된다. 부동산 시장에서도 가는 놈이 제일 먼저 간다. 그리고 더 멀리 간다. 항상 어느 지역이든지 대장 노릇을 하는 아파트 단지는 있는 법이다. 같은 단지 내 아파트라고 하더라도 로얄 동 로얄 층 아파트 가격이 가장 먼저 움직이고 또 가장 많이 오른다.

이와 관련하여 또 한 가지 알아두어야 할 것은 사람들의 선택에는 이유가 있다는 것이다. 무엇이든 가격이 쌀 때는 싼 이유가 있는 법이다. 그냥 아무 이유 없이 값 차이가 나지는 않는다. 무엇인가 감추어져 있는 불편함이나 편리함으로 가격 차는 벌어지게 된다. 예를 들어 아파트를 사러 가면 바로 옆 동, 같은 남향, 같은 층의 아파트가 서로 다른 가격에 매물로 나오는 경우가 있다. 이럴 때 좋다고 싼 아파트를 샀다가는 낭패를 보기 쉽다. 하루 24시간, 일 년 365일을 살아본 사람만이 아는 어떤 가격 차이가 있는 법이다. 집을 사려고 한 시간 방문한 사람은 절대 모르고 사는 주민만 아는 차이, 시장은 철저하게 효율적이어서 그 차이를 한 치의 오차도 없이 정확하게 가격에 반영한다.

따라서 어떤 물건이 '가는 놈'이라면 그 물건이 어떤 경쟁우위를 가졌는지 알아보는 것이 좋다. 옳은 선택을 위해서도 좋고 물건 보는 안목을 키우는 데도 좋다. 물론 부동산을 공부한 사람이라면 이론으로 다 배우기 때문에 아주 쉬운 이야기가 될 수도 있긴 하지만, 일반

인도 어느 정도 기초 상식을 공부할 필요가 있다.
그래야만 학습 비용 *Learning Cost*을 줄일 수 있다.

* 1만 원짜리 음식을 먹었는데 맛이 없다고 판명되면 학습비용은 1만 원이다.

　처음 개업한 식당에 들어가서 음식 솜씨가 좋은지, 나쁜지를 확인하는 데는 1~2만 원이면 되지만,* 한 건의 거래가 수억 원에서 수백억 원까지 가는 부동산은 학습비용이 크기 때문에 한 사람을 재무적으로 완전히 망하게 할 수도 있다.

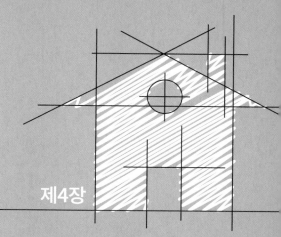

제4장

단·중기
부동산 시장,
이렇게
접근하라.

부동산 시장은
현재
버블인가?

경기 침체와 디플레이션 우려에도 불구하고 현재 부동산 시장은 한마디로 낙양지가고^{洛陽紙價高}다. 낙양지가고는 '낙양의 종잇값을 올린다'는 뜻으로 요즘 말로는 책이 베스트셀러가 되었다는 의미다

중국 육조시대 좌사^{左思}라는 사람이 있었는데 그는 한번 붓을 들면 장엄하고 미려한 시를 막힘없이 써내려가는 뛰어난 문재^{文才}였다. 그러나 용모가 추하고 말까지 어눌하여 사람들과 접촉을 피하고 글만 썼다. 그는 낙양에 살면서 10년의 세월을 들여 삼도부^{三都賦}라는 일생일대의 대작을 집필하였는데, 당대에 유명한 시인 장화가 이 작품을 읽어보고는 후한^{後漢} 때의 대시인 반고와 장형에 비유하며 격찬했다.

이 말이 전해지면서 삼도부는 낙양의 화제작이 되었고, 사람들이

필사본을 만들려고 앞다투어 종이를 사는 바람에 낙양의 종잇값이 올라갔다는 이야기다. 서브프라임 사태 이전부터, 정확하게는 노무현 정부 말기부터 2012년까지 바닥을 기던 수도권 부동산 시장이 어느 정도 회복된 상태이고, 그중에서 강남 재건축 아파트는 역대 최고치로 치솟고 있다. 지방은 이미 많이 오른 상태에서 부산 지역에 사상 최고가 아파트가 나오는 실정이다. 버블의 징후가 보인다. 그런데 과연 버블일까?

결론부터 말하면 아직 버블이라고 하기에는 조금 이른 감이 있다. 물론 서울의 대부분 지역이 평균적으로 2010년 전고점을 뚫고 있는 것도 사실이다. 그렇지 않은 곳도 약간 미달하는 수준에 육박했다. 평균적으로 보면 서울의 아파트 가격은 평당 가격 기준으로 전고점 수준에 도달했다. 하지만 세 가지 관점에서 아직 버블에는 도달하지 않은 것으로 본다.

첫째, 서울의 가격 상승세를 주도하고 있는 것은 개별 재료가 있는 단지들이다. 재건축이나 한강 조망 이런 것들이다. 이런 것들이 평균 가격을 끌어올리는 상황이지 모든 아파트가 다 가격이 오르는 것은 아니므로 해당 재료를 제외하면 그렇게 가격이 급등세인 것으로 보이지는 않는다.

둘째, 가격 급등은 주로 서울을 중심으로 나타나는 현상이고 수도권으로 범위를 넓히면 대부분 아파트는 아직 전고점 회복과는 거리가 멀다. 특히 중대형 아파트는 반 토막이 난 상태에서 전혀 나아지는 모습을 보이지 않고 있다. 서울이나 수도권에 신규 분양 아파트에 대한 청약 열기가 높다고 할 수는 있지만, 강남 등 일부 지역을 제외하고 나면 과거와 같은 초호화 분양가는 찾아보기 쉽지 않다.

셋째, 가장 중요한 문제인데, 현재 서울 및 수도권 아파트 가격 수준이 소득 대비 어느 정도로 올라온 것인가 하는 문제이다. 대체로 주택가격 대비 소득 비율*PIR, Price Income Ratio* 기준으로 적정 수준은 3.0~3.5배 정도가 정설이다. 이 정도 수준이면 10년 정도에 내 집 마련이 된다는 의미다. 10년 후에 내 집 마련을 할 것인지 계속 임대로 살 것인지는 본인이 선택하기 나름인 상황 정도는 되어야 정상적인 사회라고 할 수 있을 것이다.

지금 서울 아파트 평균 가격이 2010년 전고점을 회복한 정도이다. 2010년 전고점이 2008년 고점의 아류 정도라고 보면, 거꾸로 말하면 2008년 이후 주택가격이 하나도 오르지 않은 셈이다. 2008년 수도권 아파트 가격은 정상이 아니었다는 점을 부인할 사람은 아무도 없을 것이다. 당시 전국의 PIR은 5배를 넘었다. 대체로 이 정도 수준이 되면 버블이 터진다.

우리나라도 당시 그 버블이 터져 버블 세븐의 주택가격이 고점 대비 60% 수준까지 하락했고, 일본도 PIR이 그 수준에 도달하면서 1991년에 버블이 터졌다. 사실 1990년 버블 붕괴 직전에는 동경 땅을 다 팔면 미국 땅을 다 살 수 있다는 계산이었다. 지난 2008년에 서울 땅을 다 팔면 캐나다를 다 사고도 남는다는 말이 있을 정도였다. 그런데 지금 서울이 전고점을 뚫었다면 버블이 아닐까 하는 생각을 할 수도 있다.

하지만 2008년 이후 지금까지 8년 동안 우리나라 생산성 증가분^{실질 경제성장률}과 물가 상승률을 고려해야 한다. 경제성장률 평균 2.5%, 물가 상승률 2%라고 단순 가정해보면 연간 4.5%씩 아파트 가격이 상승했어야 하고 이것을 8년 복리로 계산하면 지금 아파트 가격은 그때보다 42%는 올라야 과거 수준의 아파트 가격이 된다. 아직 그때만큼 비싼 것은 아니라는 결론이다.

상업용 부동산은
언제까지
호황인가?

먼저 상업용 부동산을 따져보자. 현재 상업용 부동산의 가격 급등세는 수급의 관점에서는 설명할 수 없다. 아파트는 수급의 관점에서 보는 것이 타당하지만, 상업용 부동산은 그럴 수 없는 실정이다. 테헤란로 대로변 상업용 건물의 공실률이 이미 상당한 수준에 도달하여 수요 부족이 확실한 상황이기 때문이다. 사실 서울 시내 최상급 상업용 부동산의 공실률은 14%에 이르는 것으로 조사되고 있다.[*]

지난 2010년 책에서는 서울의 재개발 및 초고층 건물 건설 계획과 서비스업 경제성장률 예측치를 토대로 최상급 빌딩의 공실률을 추정하였고, 그 결과 2016년 경이면 공실률이 25~30%까지

[*] 우리나라는 상업용 부동산에 대한 통계가 잡히지 않는다. 그래서 일부 부동산 관련 회사들이 자체적인 필요 때문에 개략적으로 추산하는 통계를 봐야 한다. 서울은 시청권, 강남권, 여의도권, 잠실권의 4개 권역으로 지역을 나누어 본다.

상승할 것으로 분석했었다. 기본적인 수치는 2008년 말 현재 서울의 최상급 상업용 부동산 공급량은 765만㎡, 공실률은 0.65%였다. 거의 모든 업무용 부동산이 들어갈 자리가 없었다. 이때 최상급 건물들은 부르는 게 값이었다.

이후 도심 재개발 계획이 줄을 이었다. 애초 계획된 재개발 면적을 전부 합치면 867만㎡에 달했다. 기존 공급량보다 많은 신규 물량이 계획되어 있었다. 그리고 4%의 경제성장률을 가정하여 산정한 2016년 공실률이 25~30%였다. 이후 상당수의 재개발 계획이 지연 또는 무산되었다. 특히 용산과 여의도에서 초고층 빌딩 건축 사업이 무산되었다. 뚝섬 계획도 무너졌다.

'마천루의 저주'가 우리나라에도 덮친 것이다. 마천루의 저주는 미국에서 나오기 시작한 말인데, 엠파이어 스테이트 빌딩과 같은 초고층 빌딩을 짓고 나면 경제 위기가 오든지 건축을 끝내지 못하고 사업이 위기에 빠지든지 하는 것이다. 마천루의 저주는 비단 미국에만 해당한 것이 아니고 소위 세계 100층 건물들 대부분이 한 번씩 경험하고 지나간 것이다.[*]

우리나라도 결국 마천루의 저주를 벗어나지 못한 듯하다. 용산 개발 자체가 무산되어버렸기 때문이다. 그래서 2016년 공실률이 추정했던

25~30%보다는 많이 낮아져 14% 내외가 되었다. 다만 잠실 롯데와 삼성역 현대차 100층이 추가되었다. 이들이 입주하는 시점이 되면 공실률 20%가 불가능한 것은 아니다. 쉽게 생각해서 지금도 공실률이 14%인데, 그 100층 건물 두 개가 고스란히 공실률 통계에 추가될 수밖에 없는 상황이다.

중국인 관광객이 서울로 물밀 듯 밀려들어 와서 시내 상업용 건물이 숙박시설 같은 관광서비스용 건물로 대거 용도가 변경되면 모르겠다. 그렇지 않으면 상업용 부동산 공실률은 현재로써는 해답이 없다. 어쨌든 현재의 공실률 14%만 해도 상업용 부동산 가격이 급락하는 것은 마땅한 일이다. 상업용 부동산은 공실률 6%를 자연공실률로 본다.** 8%가 넘어가면 건물 가격 하락이 시작된다. 14%는 원칙적으로 망한 건물이다. 그런데도 상업용 부동산 가격은 오히려 급등세이다. 임대료가 나오는 건물은 정말로 귀한 몸 대접을 받는다. 앞에서 우리 경제가 그리 좋은 상황이 아니라는 점을 미리 밝혀둔 바 있고, 따라서 임대료가 아주 잘 나와서 차액지대설을 적용할 수 있을 정도로 상업용 건물의 경제성이 좋아졌다고는 말할 수 없다.

그럼 무슨 이유인가? 저금리와 미래 예측 에러가 합작한 결과다. 저금리는 자본 조달비용을 저렴하게 만들었다. 지금과 같은 금융시장에서는

** 2008년 서브프라임 사태 전후에는 공실률이 0%였다. 그래서 도심 재건축 추진이 힘을 받을 수 있었다. 문제는 너무나 많은 건물이 동시에 착공했다. 이제는 그 후유증에 시달리는 것이다. 전형적인 거미집 이론(적응적 기대)이다.

3% 수익률이면 나쁘지 않다. 돈은 넘쳐나고 투자할 곳은 없으니 투자 대상으로 부동산이 제격이다. 다만 3%로는 건물의 감가상각비용, 손실·망실에 따른 수리비, 공실에 따른 각종 비용과 같은 비용 보전이 충분하지 않다.

또한, 부동산 투자의 위험을 고려한 요구수익률을 맞춰내지도 못한다. 따라서 이와 같은 각종 비용과 투자자 요구수익률을 보전해 줄 수 있는 미래의 자본이득이 필수적이다. 그렇다면 지금의 상업용 부동산 투자자는 미래의 자본이득, 즉 가격 상승 여력이 충분할 것으로 보아 투자에 나섰을 것이다. 만약 가격이 내려갈 것으로 생각하면 부동산을 사지 않고 임대할 것이다.

사실 부동산은 거의 유일하게 소유권과 사용권이 분리된 상품이다. 대부분 상품은 소유권과 사용권이 일치한다. 자동차, TV 등 렌탈제품이 늘긴 하지만 이 상품들은 투자자산으로서의 가치는 없다. 임대는 사용권을 취득하는 것이고, 구매는 소유권을 취득하는 행위이다. 그중 소유권을 취득하는 것은 미래의 자본이득을 기대하기 때문이다.

그런데 우리가 생각하는 미래의 자본이득이라는 것은 현실화되지 않은 미래에 대한 예상을 근거로 한다. 그래서 우리가 미래를 예상하는 방법이 얼마나 정확한지에 따라 미래 자본이득에 대한 예상의 정확도가 결정되고, 결과적으로 부동산 가격이 적정하게 매겨진다.

그러면 과연 우리는 얼마나 정확하게 미래를
예측하는가? 사람은 과거의 경험에 의존하는 것
이 일반적인 습성이다. 자신의 경험을 바탕으로
미래를 예측한다. 기존에 알던 것을 아주 조금씩
환경 변화를 고려하여 조정한다. 미래가 현재와

* 케인즈학파에서 주로 가정
하던 기대이론이다. 고전학
파는 완전예견가설(Perfect
foresight)에 기반을 두어 이론
을 전개해나간다.

거의 연속선 상에 있다고 보는 것이다. 이것을 경제학적 표현으로는
적응적 기대*Adaptive expectation*라고 한다.* 아주 조금씩 적응해가는 것이
다. 적응적 기대는 일반적으로 잘 들어맞는다. 특히 기존의 추세가
계속 이어지는 상황에서는 예측 실수가 매우 적다.

예를 들면, 상승 추세가 이어질 때 '단기적으로 하락 요인이 있지
만 무난하게 상승할 것으로 본다.'라고 예측하면 거의 틀리지 않는
다. 이런 적응적인 예측 방법은 갑자기 추세가 바뀌면 엉뚱한 결과
를 낳게 된다. 장기상승 추세라고 믿었는데 장기하락 추세로 바뀌면
완전히 틀린 답이 되는 것이다. 적응적 예측의 최악의 허점은 갑작
스러운 패러다임 변화를 알아채지 못한다는 점이다. 대부분 사람이
범하는 오류이지만, 일부 소수는 크게 성공하는 기회가 되기도 한
다. 패러다임 변화를 미처 깨닫지 못하는 다수는 손해를 감수해야만
한다. 손해 보는 다수의 손실이 모여 성공하는 소수의 이득이 된다.

아예 적응 자체를 하지 않는 예도 있다. 농산물 시장이 대표적이
다. 가을에 배춧값이 좋으면 그다음 해 봄에 농부들은 너도나도 배

추를 심는다. 올해의 좋은 배춧값이 내년에도 좋을 것이라고 보는 것이다. 그러다 내년이 되어 배추가 공급 과잉이 되면 값이 폭락한다. 김장철에 다반사로 발생하는 일이다. 이런 경우를 거미집 이론 Cobweb theory이라고 하는 것은 위에서 이미 기술한 바 있다.

이 이론을 부동산 시장에 그대로 적용한 것이 벌집 모형Honeycomb model이다. 부동산 시장은 현재의 부동산 가격을 보고 투자해야 해서 2~3년 후 입주 시기가 왔을 때의 가격을 알 수 없다. 그래서 부동산 가격 상승 초기에는 쉽사리 매수 대열에 동참하지 못한다. 긴가민가하여 눈치만 보게 되는 것이 일반적이다. 그러나 한번 시작한 상승세는 몇 년을 지속한다. 이러다가 집을 아예 사지 못하는 불행한 사태가 발생할까 걱정이 된다. 그래서 상당수의 사람이 주택 매수 대열에 동참하게 되는데 그때가 가장 위험한 시기다. 상투를 잡는 경우가 허다하기 때문이다.

지금 우리나라 부동산 투자자는 미래가 과거와 같을 것으로 예측한다. 과거의 인플레이션이 미래에도 지속할 것이라는 적응적 예측이다. 하지만 우리의 미래는 디플레이션이 지배할 것이 확실하다. 2030년을 전후로 한 어느 시점에서는 디플레이션으로 진입하게 된다는 것은 이미 앞에서 충분히 살펴본 바이다. 그렇게 많은 지면을 할애해서 설명한 이유가 이런 미래 예측 에러의 문제 때문이다.

대부분 사람은 부동산의 미래가치를 현재가치와 비교하여 투자 결정을 하지 않는다. 현재 다른 부동산과 비교하여 싸냐 비싸냐를 따져 투자를 결정한다. 이것은 대체로 미래는 인플레이션이 계속할 것이라는 가정을 바닥에 깔고 있다. 가격이 올라갈 것으로 가정한다면 다른 물건보다 상대적으로 저렴한 가격에 사는 것이 투자 포인트가 된다. 또 미래를 예측하기가 어차피 쉽지 않은 일이라면 유사한 부동산을 골라 비교하여 최대한 싸게 사는 것이 투자의 정석일 수도 있다. 그러나 미래가 예측 가능할 때는 다른 이야기가 된다. 당연히 미래의 자산가치를 현재가치와 비교해야 한다. 그리고 디플레이션이 예상된다면 부동산을 사는 것이 옳은 투자 결정이라고 할 수 없다.

그렇다면 디플레이션이 시작되기 전까지는 어떨까. 그때까지 우리 경제의 생산성 증가가 있거나 인플레이션이 있을 것으로 판단하면 여전히 부동산을 사는 것이 올바른 선택일 수도 있다. 지금부터 15년간 운영한 임대료로 투자 원가를 상당 부분 회수하고 나면 그 뒤로는 가격 상승이나 하락으로부터 크게 부담을 받지 않는 상황이 될 수 있기 때문이다.

문제는 향후 15년간 우리 경제는 성장 잠재력이 계속 하락할 것이고 물가 상승률은 플러스이기는 해도 2%대를 유지하기가 쉽지 않을 것이라는 점이다. 성장 잠재력과 물가 상승률이 계속 낮아지는 상황이다. 디플레이션은 아니라고 해도 부동산 투자에 이로울 것은

하나도 없다. 결론적으로 현재 상업용 부동산은 투자 가치가 별로
보이지 않는다.

주거용
부동산은
버블인가?

아파트는 어떤가? 현재 이 순간에도 경제는 위기설이 도는데 아파트 가격만 급등하고 있다. 특히 서울 강남 재건축 아파트를 중심으로 급등세를 보인다. 소위 주식시장에서 말하는 금융 장세가 펼쳐지고 있는데, 이것은 두 가지 관점에서 살펴봐야 한다. 우선 수급이 꼬였다. 현재는 공급이 수요를 따라가지 못하는 상황이다.

이미 필자가 2010년에 책을 집필하면서 2015년 즈음에 올 것으로 예견했던 부동산 버블 상황이다. 그때나 지금이나 이유는 같다. 노무현 대통령은 수도권과 지방의 발전 격차를 해소한다는 명분으로 국토균형발전정책을 추진했다. 이 정책으로 인해 공공기관들이 전부 전국으로 흩어졌다. 참으로 터무니없고 어처구니없는 정책이었다.

청와대, 국회, 정부의 일부 기능은 서울에 남아있고 나머지는 전국으로 피난살이 하듯 뿔뿔이 흩어졌다. 한 시간짜리 회의 한번 하려면 하루를 허비해야 하는 상황이 연출되었다. 정부와 공공 섹터의 운영 효율성은 완전히 도외시한 처사였다. 그렇다고 공공기관이 이사 간 지역에 대단한 경제개발 효과가 있는 것도 아니다. 그런데도 균형발전정책이 강행되었는데 이는 수도권과 지방 간의 개발 격차에 따른 불만을 달래주기 위한 처사에 불과했다.

문제는 이것이 전 국토에 부동산 버블을 몰고 왔다는 점이다. 국토균형발전정책이 국가의 비전과 경영전략 차원에서 추진된 것이 아니라, 단순히 국토 지리적 관점에서 추진된 것이 가장 큰 문제였다. 공공기관이 내려간다고 하는 곳들은 이 재료로 땅값이 천정부지로 치솟았다. 공공기관이 내려가서 사용할 부지는 그다지 크지 않았음에도 땅값을 올려놓고 싶은 지역민의 욕심이 크게 작용하여 전 국토에서 일제히 지가가 올랐다.

이것은 1960년대 일본에서 일본열도개조론이라는 이름으로 경험했던 일이다. 당시 일본은 상대적으로 낙후한 북부지역을 신칸센으로 연결하여 개발을 촉진하려고 했다. 그런데 그것이 전 일본의 지가를 올려놨다. 노무현 정부에 들어서 추진된 균형발전정책으로 전국의 지가가 들썩이고 버블 세븐의 대형 아파트 투기 붐이 맞물리면서 부동산 버블이 문제가 되었다.

노무현 대통령 자신도 "재임 기간에 부동산 가격을 잡지 못한 것

말고 무엇을 잘못했느냐?"고 반문할 정도로 부동산 버블에 대해서
는 인정하기도 했다. 급기야는 노무현 정부 말에 들면서 부동산 투
기 억제 대책이 나오기 시작했다. 그리고 그 정책은 이명박 정부에
도 계속 이어졌다.

　사실 그 당시 버블 세븐 지역의 아파트값은 미친 수준이었다. 몇
년 사이에 가격이 두 배 혹은 그 이상으로 뛴 단지가 허다했다. 그러
다가 2008년 서브프라임 사태를 맞았다. 부동산 시장은 급격하게 냉
각되었다. 신규아파트 분양은 원천적으로 중단되었다. 사실 노무현
정부 말부터 강력한 억제정책이 추진되어 신규분양시장은 거의 멈
춰 서있는 상태였다. 그 억제책은 이명박 정부까지 이어졌다. 그래
서 최소 5년, 길게는 7년 동안 신규 분양 물량이 모자랐다. 당시 우리
나라는 연간 35~40만 호의 신규 주택이 필요한 상황이었으나 신규
분양 물량은 연 20만 호에 불과하였다.

　공급 부족 상태가 장기화하면서 주택 부족이 누적되었다. 그리고
수급 차질에도 불구하고 주택시장은 침체를 지속했다. 정부가 모든
정책을 총동원하여 가격 상승을 억제했기 때문이다. 더구나 인구구
조론이 확산하면서 장기하락을 점치는 사람이 늘어난 것도 주택시
장 침체를 거들었다. 때 이른 장기하락론이었다.

　인구구조가 주택시장에 영향을 미치는 것은 먼 후인 2030년 정도

의 일이 될 것이다. 더구나 하락한다고 해도 일본과 같은 버블 붕괴가 아닌 완만한 하락이 될 것은 우리나라 인구구조를 살펴보면 누구나 예측할 수 있었다. 그런데도 시장은 과잉반응을 했고 집값은 움직이지 않았다. 대세 하락을 우려한 사람들, 특히 청장년층이 주택 구매보다는 전세 임대로 방향을 틀었기 때문이다.

이런 움직임 때문에 주택 버블 대신 전세 버블이 형성되기 시작했다. 그런데 전세 버블이 뜨거워져 가는데도 주택가격은 좀처럼 움직이지 않았다. 대체로 전세가율이 60%를 넘으면 집값이 움직인다는 기존의 매매가-전세가 이론도 들어맞지 않았다. 그러나 전셋값이 거의 집값 수준에 육박하면서, 특히 그런 전셋값에도 좀처럼 전세를 구하기 쉽지 않은 상황이 연출되면서 사람들은 집을 사는 쪽으로 또다시 방향을 틀었다. 2년에 한 번씩 '억' 소리 나는 거액의 전세금을 올려주는 것도 울화가 터졌고, 돈이 모자라 셋집을 전전하는 것도 신물이 날 정도로 지겨운 현실이었다. 결국, 전형적인 매매가-전세가 가격 결정이론이 다시 등장하게 되었다.

이번 부동산 호황이 오래가기는 어렵다고 판단된다. 이번 호황은 7년 주기설이 맞아떨어지지 않는 특이한 사례가 될 것이다. 부동산 가격 결정이론 중 하나로 벌집모형Honeycomb Model을 든다. 이것은 육각형의 모형으로 부동산 가격의 순환주기를 설명하는데 대체로 '수급 불일치-택지 개발 및 아파트 공급-가격 상승-수급 초과-가격 하

락—공급 축소'의 프로세스를 거치면서 집값의 상승과 하락을 반복
한다.

벌집모형은 과거 우리나라 부동산 가격의 등락을 설명하는데 그
럴듯한 이론적 근거를 제공해줬다. 벌집모형은 경제학의 거미집 이
론^{Cobweb theory}의 변형으로서 투자 개시 시기와 상품 출하 시기가 서로
일치하지 않음으로써 생기는 수요와 공급 불일치에 의한 가격 등락
을 설명한다.

대표적인 예가 배추 시장이다. 배추는 봄에 파종하지만, 추수는
가을에 한다. 따라서 파종하는 시점에는 가을배추 가격을 알 수 없
으므로 전년도 배추 가격을 참고할 수밖에 없는데, 봄배추 가격이
좋으면 너도나도 배추를 심어 가을 풍작으로 배추 가격이 폭락하고,
반대로 봄배추 가격이 나쁘면 배추를 덜 심어 가을 수확이 부족해져
가격이 폭등하게 된다. 특히 배추는 수요와 공급이 모두 경직적이어
서* 가격이 폭등하거나 폭락하는 경우가 많다.

부동산도 배추와 유사한 성격을 지녔다. 집을
분양받는 시기와 입주하는 시기에 시차가 존재
해 건설회사로부터 내 집을 넘겨받을 때의 시장
여건을 아무도 모른다. 특히 과거 부동산 시장은
공급이 부족하면 그때부터 신도시라는 이름으로
택지 조성에 나서고 그렇게 조성된 택지에 아파

* 배추는 비싸다고 적게 먹고
싸다고 많이 먹는 것이 아니므
로 수요가 경직적이다. 반대로
공급도 가격이 싸다고 저장해
놓고 다음 김장철에 팔 수 있
는 상품이 아니기 때문에(소위
신선식품) 싸건 비싸건 작황만
큼 출하할 수밖에 없다.

트를 지어서 공급하는 구조라서 택지 조성 개시부터 아파트 입주까지 걸리는 시간이 대체로 7년 정도나 되었다. 그래서 '7년 주기설'이 어느 정도는 맞아떨어졌다. 이 과정에서 아파트 분양과 입주 시기에 약 2~3년 정도의 시차는 부동산 버블을 초래하고, 이에 따라 소위 '막차를 타고' 분양받은 사람은 비싸게 분양받게 되고 입주 시기에 도달하면 집값이 폭락한 경우가 종종 있었다.

그러나 이번 부동산 버블은 택지 조성이라는 4~5년의 기간이 필요하지 않은 상황이다. '버블 세븐'이라고 부르던 2000년대 초중반 버블 시기에 건설회사가 조성해놓은 택지가 엄청나게 많았고 그것들이 분양 대기 상태에 있었다. 따라서 부동산 가격이 좋아지기 시작한 지난 2014년부터 기존 보유 택지를 바탕으로 일반 분양이 엄청나게 늘어나기 시작했고, 2017년 말부터는 그 분양 물량의 입주가 시작된다.

4년여의 토지 조성 기간이 생략되고 약 3년간의 건설 기간만 소요되는 상황이었다. 따라서 이번 부동산 버블은 3년 주기로 끝이 날 것으로 판단한다. 그 입주물량이 본격적으로 나오게 되는 2018년경이면 아파트를 중심으로 한 부동산 시장 과열은 어느 정도 진정되기 시작할 것이다.

지방까지
번져
나갈까?

　　이번 부동산 호황의 또 다른 특징은 주로 수도권에 집 중된 호황이라는 점이다. 아파트 가격 상승세는 대체로 강남에서 강북과 수도권으로, 그다음 전국으로 퍼지는 형태가 일반적이었 다. 소위 '동심원 이론'은 거의 매번 정확하게 맞아떨어졌다. 그러 나 이번 호황은 동심원 이론도 적용되지 않는 특이한 경우가 될 것 이다.

　사실 2000년대 이후 수도권과 지방의 가격 궤적은 서로 이탈하 는 모습을 나타내기 시작했다. 2000년대 초반, 버블 세븐에 대형 아 파트 붐이 일었던 시기에 지방 아파트 가격은 미동도 하지 않고 잠 잠했다. 지방은 주택보급률이 평균 110%에 도달한 상황에서 집값이 상승할 유인이 없었고, 100%에 도달하지 못한 수도권 지역에 국한된 아파트 가격 급등세였다.

물론 그사이 전국의 지가는 여러 번에 걸쳐 요동쳤다. 노무현 정부의 균형발전정책은 전국 주요 지역의 지가 상승을 불러왔고, 그에 이은 이명박 정부의 대운하 사업은 노무현 정부에서 소외되었던 지역마저 지가를 올렸다. 그러나 이것은 상당 부분 토지 가격에 국한된 상승이었고, 지방은 2000년대 중반까지 버블 세븐 지역의 그 '미친' 가격 폭등을 구경만 해야 하는 상황이었다. 지방 아파트의 가격 상승세는 버블 세븐이, 좀 더 정확하게는 수도권이 몰락하면서 시작되었다.

전국 아파트 가격은 2008년 말 서브프라임 사태로 폭락한 이후 2009년에는 회복세로 돌아섰다. 아파트의 크기에 따라 차등적인 움직임이 있긴 했지만, 2009년 말에는 거의 서브프라임 이전의 고점까지 회복되었다. 이때부터 지방 아파트 가격의 움직임이 시작되었다. 부산이 먼저 움직였다. 대구로 번져 나가고 대전 등 지방 주요 도시의 아파트 가격이 미친 듯이 오르기 시작했다. 특히 부산의 모 아파트 펜트하우스는 바다 조망권이라는 한 가지 이유로 이해할 수 없는 가격까지 치솟았다.

하지만 항상 알아둬야 할 것이 하나 있다. 그럴듯한 이유 한 가지로 미친 듯이 가격이 치솟을 때는 거의 예외 없이 버블이고, 그 버블이 터질 때는 후유증이 이루 형언할 수 없을 정도다. 1600년대 네덜란드의 튤립 버블*Tulip Bubble*이 그랬다. 튤립은 원래 지중해 연안의 야생화로 탐스럽고도 우아한 아름다움을 지닌 꽃이다. 이 꽃이 네덜란드 사람의 마음을 사로잡았다. 집집 화단마다 튤립 몇 송이는 필수 아이템이었다.

수요가 늘다 보니 튤립 알뿌릿값이 치솟았다. 이제는 튤립 알뿌리가 투자 대상이 되었다. 알다시피 네덜란드는 그때 이미 세계 최초의 주식거래소를 운영하고 있던 나라다. 이제는 화단에 핀 튤립이 아니라 튤립 알뿌리가 필수 아이템이 되었다. 처음에는 귀족의 전유물이었던 것이 곧 그 하인에게까지 퍼져나갔다. 온 나라 사람이 튤립 투기에 뛰어들었다.

그것은 광기였다. 개량된 품종이 나올 때마다 값이 몇 배로 뛰었다. 그리고 정말 멋진 품종이 하나 시판되면서 최고가를 갱신했다. 알뿌리 하나가 '네 마리 말이 끄는 최고급 마차' 한 대 값만큼 나갔다. 지금으로 따지면 캐딜락 값이 되었다. 그리고 버블이 터졌다. 제아무리 멋있어도 꽃은 꽃 아닌가? 꽃이 캐딜락이 될 수는 없었다. 튤립값은 원래 꽃값으로 되돌아왔다. 온 국민의 재산은 하루아침에 공중으로 증발하였다.

부동산 버블 붕괴로는 누가 뭐라 해도 1920년대 미국 부동산 버블이 대표적이다. 그때 이탈리아계 미국인 찰스 폰지가 고안해낸

* 정확하게 말하자면, 폰지는 1920년에 국제우편쿠폰으로 피라미드식 금융 다단계 사기를 고안해냈고, 그것으로 감옥에 다녀왔다. 그리고 이후에 플로리다 부동산 버블 때는 부동산을 투자 대상으로 똑같은 수법을 적용하였다.

'폰지 사기*Ponzi Scheme*'는 피라미드식 금융 다단계 사기의 원조가 되었다.* 폰지는 그 당시 플로리다의 땅을 우편판매했는데, 플로리다라는 말에 미국 사람들의 눈이 뒤집혀버렸다. 플로리다 해변에 별장 지을 땅을 산다고 상상해보라.

그는 우편판매로 다음 사람에게 더 비싼 가격에 팔아 앞사람의 이자를 배당해주는 피라미드식 금융 다단계 사기를 최초로 고안해냈는데, 아무리 뒷사람이 그것을 사준다고 하더라도 현실과 동떨어진 가격은 결국 제자리로 돌아가게 된다. 폰지가 팔았던 플로리다 땅값도 결국 제자리로 돌아갔는데, 그가 팔았던 잭슨빌은 우리가 상상하는 플로리다 해변도 아니었다.

우리나라 지방 부동산 시장은 이번 부동산 버블로부터는 소외되는 모양새다. 사실 지방 부동산 가격이 가파르게 상승하는 동안 수도권은 요지부동이었다. 2013년 이후 박근혜 정부에서 부동산 시장 정상화에 나서면서 수도권 부동산 가격이 움직이기 시작한 것이지, 그 이전에는 바닥을 알 수 없을 정도로 침체하여 있었다. 지금도 버블이라고 할 정도의 가격 급등세는 강남 재건축 아파트에나 나타나는 모습이지 그 외 지역은 버블이라고 할 정도까지 달궈지지는 않았다. 특히 이번 부동산 호황은 입주물량이 본격적으로 나오는 2018년 정도면 어느 정도 잠잠해지리라는 점을 고려하면 동심원 이론이 적용되기에는 시간이 너무 촉박하다. 그리고 무엇보다 지방은 이미 너무 많이 올랐다.

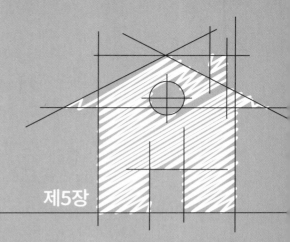

제5장

장기
부동산 시장,
이런 관점을
유지하라.

일본은
첨탑형처럼
화려한 불꽃놀이를 했다.

　　부동산 시장도 어쩔 수 없이 인구구조의 영향을 받는다. 사실 어떤 면에서는 경제보다 훨씬 더 직접적이고 더 큰 영향을 받는다. 경제는 교역이라는 메커니즘을 통하여 해외의 인구와 자원에도 접근할 수 있지만, 부동산은 교역할 수 없어 국내 인구에만 직접 영향을 받는다.[*] 우리나라 연도별 출생아 구조는 고원형이기 때문에 부동산 가격도 고원형이 될 가능성이 크다.

　　일본은 첨탑형 출생아 구조여서 부동산 가격도 첨탑형 움직임을 보였다. 앞에서 기술 하였듯이 일본의 전후 세대는 1947~1949년의 3년 동안 혹 덩어리^{단카이}의 형태로 태어났기 때문에 어떤 곳이든지 그들이 새로운 수요 세력으로 등장하는 순간 공급이 수요를 뒤

[*] 제주도처럼 외국인투자를 적극적으로 유치하는 경우는 조금 다르다.

따라가지 못하는 사태가 발생했다. 그것도 아주 심하게. 부동산 시장도 마찬가지였다. 40세를 갓 넘겨 재정적 여력을 갖추기 시작한 그들이 투자 시장으로 나서면서 부동산이나 닛케이225 모두 그들의 수요를 감당해낼 수 없었다.

사실 부동산 시장의 급등은 그들의 부모 세대부터 시작되었다. 제2차 세계대전 이후 패전의 폐허에서 일본인들은 먹고살기 위해 도시로 몰려들었다. 빠른 속도로 도시화가 진행되었고 도시의 주택은 그 수가 제한적이었다. 도시로 몰려드는 농촌 빈민을 수용하기 위해 도시는 그 주변부로 영역을 넓혀야 했고 주거를 목적으로 하는 베드타운*Bed town*형 신도시를 개발했다. 주택시장의 수급 불균형과 고도성장의 결과로 도시의 주택^{부동산} 가격은 하늘 높은 줄 모르고 치솟았다.

젊은이들이 떠난 농촌은 부동산 가격이 오를 일이 별로 없었다. 차액지대설로도 수요공급으로도 부동산이 움직일 수 없었다. 도농 간의 불균형에 대한 사회적 문제는 더는 방관만 하고 놔둘 수 없는 지경에 도달했다. 1960년대 일본열도개조론은 이런 사회적 이슈를 배경으로 탄생한 정책이다. 일본도 국토 균형발전정책을 내어놓은 것인데 같은 사회적 이슈를 배경으로 했지만, 우리나라 노무현 정부의 정책과는 사뭇 다른 정책을 내어놨다.

일본은 전국을 신간센으로 연결하겠다는 정책이 핵심이었다. 노무현 정부는 균형발전정책의 하나로 공공부문을 지방으로 나누어 보내겠다는 어처구니없는 발상을 내놨다. 우리는 균형발전이 공공 부문의 효율성을 저하시키는 방법으로 이루어졌지만, 일본은 국토의 효율성을 높이는 방법으로 진행된 것이다. 그런데도 결과는 똑같 았다. 지방의 부동산 과열을 초래했다. 먼저 수도권이 오르고 지방까지 다 올랐다. 그리고 그 상승의 마침표를 찍은 것이 드디어 경제력을 갖춘 전후 세대들이었다. 1980년대 말, 그들은 40대에 접어들었다. 사회적, 경제적으로 어느 정도 안정된 그들의 노후 대비 투자가 시작된 것이다. 그리고 마지막 불꽃놀이가 시작되었다.

단카이 세대의 불꽃놀이는 정말 가을밤 한강이나 해운대를 수놓는 불꽃보다 훨씬 더 그럴듯했다. 화려한 불꽃이 터지고 난 밤하늘은 더 깜깜해지는 법이다. 1991년 불꽃이 터지고 난 후 일본의 부동산 시장은 아직 꼼짝을 안 하고 있다. 806만 명 단카이의 자식인 816만 명의 에코 세대가 40세 즈음에 들어온 2010년대 초반에 잠시 반등하는 듯했을 뿐,* 다시 꼼짝하지 않는다.

사실 단카이 세대와 에코 세대는 인구수가 같아도 의사결정 코드는 완전히 다른 집단이다. 단카이 세대는 성장기 동안 부동산 가격이 상승하는 것만 보았다. 40살의 나이가 될 때까지도 부동산은 상승하기만 했다. 농경사회를 살았던 그들 부모의 토지에 대한 애착도 보고

* 에코 세대는 1971년부터 1974년 약 4년에 걸쳐 태어났다.

자랐다. 일시적으로 출렁거릴 수는 있지만 사놓고 기다리면 다 몇 배씩 값이 올랐다. 부동산은 그 어떤 투자 대안보다 훨씬 더 고수익을 보장했다. 부동산은 '절대로' 불패였다.

그러나 에코 세대는 달랐다. 그들은 20대가 되어 성년이 되면서부터 단 한 번도 부동산 가격이 상승하는 것을 보지 못했다. 그들에게 부동산은 가치가 하락하기만 하는 것이었고, 이것은 소유권의 관점인 투자자산으로서는 매력이 하나도 없는 상품이었다. 자본이득이 아니라 자본손실이 발생하는 투자자산에 투자할 사람은 없다. 에코 세대의 부동산 시장에 대한 영향력은 미미할 수밖에 없었다. 그래서 2010년 초반 부동산 가격 반등세는 잠시 반짝했을 뿐 지속하지 못했다. 일본은 지금도 출생아 수가 줄고 있다. 앞으로도 20년, 어쩌면 40년 동안 부동산 디플레이션은 지속할 것이다.*

* 최근에는 아베노믹스의 마이너스 금리 및 통화 양적완화 정책의 영향으로 주택가격이 다소 오름세를 보인다. 그러나 그 효과는 제한적일 것이다.

미국은
장기 안정적 상승세가
지속한다.

눈을 돌려 미국으로 건너가 보자. 미국의 베이비 붐도 일본과 마찬가지로 제2차 세계대전 이후에 형성되었다. 다만 일본보다 훨씬 긴 1946~1965년의 20년간 형성되었다. 이들은 미국 역사상 최초로 제대로 된 교육을 받기 시작한 세대로, 안정적인 경제 여건에 풍요로운 성장기를 보냈다. 라디오, TV 등의 보급으로 인하여 미디어에 많은 영향을 받기도 했다. 이들의 대표 문화는 바로 로큰롤과 히피 문화다. 그들은 엘비스 프레슬리를 영웅으로 만들었고, 베트남 반전운동을 주도했다. 성 해방, 소수자 인권 같은 다양한 사회적 이슈에 적극적으로 참여하여 진전을 이뤄낸 것도 그들이었다.

2016년도 노벨 문학상 수상자로 선정된 가수 밥 딜런^{Bob Dylan}을 최고의 반전 가수로 올려세운 것이 그들이다. 그를 반전 가수로 이끌었던 그의 동갑내기 첫 부인 조앤 바에즈*Joan Baez*는 이후에도 계속 사회참여 가수로서 활동했고 '월가를 점령하라*Occupy the Wall Street*'는 시위 현장에도 기타를 메고 나타날 정도였다.

　　미국의 베이비 붐 세대는 20년간 탄탄한 인구 층을 형성했다. 사람 사는 모습은 국가, 지역, 문화, 종교를 넘어서 대체로 비슷한가 보다. 나이의 한계에서 벗어날 수 없기 때문일 것이다. 이들도 단카이 세대처럼 나이 마흔에 들어서면서부터 노후 대비 투자를 본격적으로 개시했다. 1980년대 미국 증권시장의 대세 상승장을 끌어낸 이들이 베이비 붐 세대였다. 1970년대 말 증권거래 수수료 자유화 정책으로 먹고살기 어려워진 증권사들에 새로운 먹거리로 뮤추얼 펀드라는 간접투자 상품을 선사한 것도 그들이었다.[*]

　　이들도 부동산 투자에 나섰다. 미국의 주택은 우리나 일본과 달리 임대하는 것이나 내 집을 소유하는 것이나 모두 경제적으로 같은 가격이다. 쉽게 말하자면, 주택을 재산증식 수단으로 삼으나 임대주택에 살면서 적금을 드나 같은 돈이 들어간다면 재산이 증식되는 정도도 똑같다는 뜻이다. 그래서 가계 자산의 80%가 부동산으로 구성된 1980년대의 일본이나 지금의 우리나라와 달리 미국은 가계 자산의 40% 정도만이 부동산이다.[**]

[*] 수수료 자유화 정책에 편승하여 할인중개(Discount broker)형 증권사로 탄생한 것이 찰스 슈왑(Charles Schwab)이다. 우리나라에서는 2000년대 들어 나타난 인터넷 기반 증권사들의 원형으로 보면 된다.

일본도 지금은 가계 자산에서 부동산이 차지하는 비중이 미국 수준으로 낮아졌다.

이런 이유로 미국의 부동산 불꽃놀이는 일본보다 조금 약하긴 했다. 그런데도 미국도 불꽃놀이를 했다. 바로 서브프라임 사태였다. 미국의 주택가격이나 상업용 부동산도 미친 듯이 가격이 올랐다. 그러다가 2006년 중반 즈음부터는 꺾이는 모습이 나타났고 요란한 소리를 내면서 비틀거리다가 완전히 무너진 것이 2008년 리먼 사태였다. 왜 하필 2006~2008년이었는지. 어쨌건 그때가 미국 베이비 붐 세대의 끝자락이 나이 마흔을 갓 넘긴 시기였다.

일본도 단카이가 마흔을 넘어서면서 버블이 터졌고, 미국도 마찬가지였다. 대체로 나이 마흔 정도가 되면 가족의 구성이 마무리되어 형태적인 측면의 주택 수요가 완성되고, 어느 정도 재산도 형성되어 금융 측면에서 수요가 완성되기 때문인 것 같다. 이것 역시 전 세계적으로 국가나 민족, 종교, 문화를 뛰어넘는 나이에 따른 공통적인 현상이라고 봐야 할 것이다.

미국의 폭락은 일본과는 달리 일시적인 현상이 될 것이다. 뒷세대들이 받쳐주기 때문이다. 일본의 인구구조는 출생아 구조를 그대로 반영하여 첨탑형의 모양을 유지하고 있다. 반면 미국은 베이비 붐 세대 이후 줄어든 출생아 수를 전략적 이민정책으로 메꿨다. 따라서 미국의 부동산 가격은 버블 붕괴 이후 수년 내에 회복될 수 있었다. 미국의 부동산 가격은 일시적 출렁임은 있겠지만, 장기적 관점에서는 안정적인 상승세를 지속할 것이다.

우리나라는 고원형 피크 아웃Peak-out이 예상된다.

우리나라는 이제 전후 세대의 끄트머리가 사십 대에 들어섰다. 이들이 지금 버블을 만들어 내고 있다. 노무현 정부 때부터 시작되어 지금까지 이어지고 있는 정부의 정책 실패가 시장 수급을 꼬아놨고 그것이 버블 형성의 토양이 되었다. 사람들의 투기적 욕심은 불난 집에 부채질하는 것이다. 좀 중장기적인 관점에서 보면 미래의 어느 시점이면 부동산 가격 내림세가 시작될 것이다. 그리고 그 내림세의 강도는 일본처럼 첨탑형은 아닐 것이다. 고원형일 가능성이 크다.

우리도 20여 년간 다산多産의 시대를 거쳤고 따라서 부동산 가격 상승과 하락 모두 장기적으로 꾸준히 진행될 가능성이 크다. 정부의 정책 실패가 발생하게 되면 심한 버블이 형성될 수도 있고 그러면 다시 제자리로 돌아가면서 커다란 버블 붕괴가 초래될 수도 있다. 그런데도 일본처럼 단기간 내에 세 배로 뛰었다가 다시 금세 1/3로 하락하는 구조는 아닐 것으로 판단된다. 과거 우리 부동산 시장에서의 버블 붕괴 경험, 특히 최근에 발생한 서브프라임 사태나 이후의 2013년 저점 경험을 살펴보면 우리의 버블 붕괴는 고점 대비 2/3$^{30\sim40\%\ 하락}$ 정도로 봐도 무방할 것이다.

전후 세대 이후의 세대, 아니 후기 전후 세대인 X세대는 이미 내 집에 대한 개념이 많이 희박해졌다. 그다음 세대는 더할 것이다. 주택을 소유하기 위해서 필수적으로 수반되는 소비의 궁핍함을 겪기보다는 내 집 마련을 포기하고 수입 자동차를 구매하는 것과 같은 소비의 윤택함을 선택하는 사람이 점점 더 늘 것이다.

사실 전 생애에 걸친 소비의 평활화를 기본 가정으로 보는 평생소득가설$_{Life-cycle\ Income\ Hypothesis}$ 관점에서 보면 내 집 마련은 미친 짓이 된다. 노후 소비를$^{비싼\ 집을\ 사는\ 것은\ 노후\ 소비를\ 대비하는\ 재산형성}$ ^{이다} 위하여 젊어서의 소비를 너무나 희생할 이유가 어디에 있는가. 우리나라에서 내 집 마련은 너무 비싼 집값 때문에 생애주기 소비 평활화의 장애물로 작용한다.* 따라서 궁극적으로 가계 자산에서 부동산이 차지하는 비중은 현재의 80%에서 미국이나 일본의 40% 수준까지 하락할 것으로

* 평생소득가설(또는 생애주기 소득가설)에 의하면 사람들은 미래의 소비가 현재보다 현격히 줄어드는 것을 원하지도 않을뿐더러 미래의 더 많은 소비를 위해 현재의 소비를 줄이는 것도 원치 않는다. 평생 예상되는 소득 총액을 전 생애주기에 걸쳐 균일하게 나눠 소비하고 싶어 한다는 것이다.

판단한다. 미국이나 일본처럼 기업형 임대주택이 활성화되고 소유권^{자가}과 사용권^{타가}이 분리되는 현상이 일반화될 것이다.

또한, 한번 부동산 디플레이션이 시작되면 최소한 40년 이상은 지속할 것이다. 그것도 합계 출산율이 2명 이하로 지속하는 동안은 부동산 가격 내림세는 지속할 것이다. 우리도 미국처럼 이민을 통하여 부족한 출생아 수를 메꿔 넣었다면 부동산 가격이 하락하지 않고 장기 안정적으로 상승세를 지속할 수 있을 것이다. 사실 미국의 부동산 시장은 앞으로도 상승세를 지속할 가능성이 크다. 전후 세대의 집을 넘겨받아 줄 그 자식 세대가 탄탄한 인구 층을 보유하고 있기 때문이다.

어찌 보면 미국과 같은 큰 경제가 여전히 2~3%대의 성장을 지속할 수 있었던 것은 그린스펀 전^前 연준 의장이 배경으로 지목한 'IT 혁신에 의한 신경제'가 아닐 수도 있다. 이민에 따른 인구수 증가가 더 직접적인 원인인지도 모른다. 장기적으로는 경제성장률은 인구 증가율에 수렴한다고 말하지 않았던가. 우리도 이민을 받고 그들이 아이를 낳아줘서 출생아 수가 탄탄하게 유지된다면 디플레이션을 걱정하지는 않을 것이다. 부동산 가격 하락도 마찬가지이다.

부동산은 결국 사용할 사람에 의해서 결정된다. 사용하는 사람이 많으면 가치가 올라간다. 사용하는 사람의 경제적 지급 능력이 크면

더 비싸진다. 물론 그렇지 못하면 반대의 결과가
나타난다. 1인당 주택 소비면적은 대체로 정해져
있는 것이라고 가정하면 인구수가 줄어들수록
총 주택 소비면적이 줄어드는 것은 피할 수 없는
결과다.*

    상업용 부동산도 마찬가지다. 상업용 부동산
의 수요는 좀 복잡한 메커니즘에 의해 결정되기는 하지만, 결국 국
민 1인당 상업용 부동산 소비면적도 일정하다고 보면 인구 감소는
수요 감소로 연결될 것임이 틀림없다. 이럴 때 상업용 부동산에 대
한 투자 관점은 지금과는 사뭇 달라져야 함을 의미한다. 더욱 구체
적인 내용은 다음에 기술하도록 하겠다.

> * 사실 1인당 주택 소비면적은
> 1인당 GDP와 어느 정도 정비
> 례의 관계에 있다. 그러나 1인
> 당 GDP 3만 달러 수준까지 도
> 달하고 나면 소득이 더 늘어난
> 다고 해서 주택 소비면적이 따
> 라 늘지는 않는다.

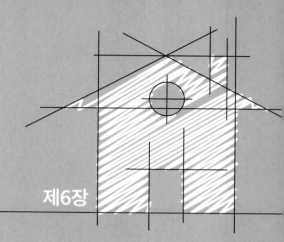

제6장

부동산,
준비한 만큼
성공한다.

명확한
목표를
세워라.

사람은 즐거움으로 산다. 즐거움에
는 일의 즐거움과 여가의 즐거움이 있다.[*] 그러나
일의 즐거움만으로 인생을 보낼 수는 없다. 특히
한국 사람들은 평생 뼈 빠지게 일만 한다. 서구
사람들처럼 매년 한 달 이상씩 휴가를 가는 것도
아니고, 또 그렇게 일만 한다고 충분한 보상을 받
는 것도 아니다. 대부분은 쥐꼬리만큼 월급을 받
는 것이 일반적이다. 월급으로 노후를 대비하는
것은 그리 쉬운 일이 아니고, 집 장만은 더욱 곤
란한 일이다.

그런데도 우리는 재산을 모아야만 한다. 왜냐하면, 유럽 지역의

[*] 사람의 행복(효용 함수)은 일
(Work)과 여가(Leisure)로 구
성된다. 경제학적 방정식으로
'$U = f(W, L)$'로 적는다. 하루 24
시간 여가를 보내면서 인생을
즐기면 더없이 좋겠지만, 그러
면 소득이 없어서 장기적으로
지속가능하지 않다. 또한, 충
분한 재산이 있다고 해서 맨날
놀기만 하면서 살지도 못한다.
자신의 존재 의미를 확인시켜
줄 자기만의 일도 있어야 살
수 있다. 따라서 하루 24시간
을 일과 여가에 적절히 배분하
여 사용해야 한다.

* 캥거루 자식은 성인이 되어
서도 엄마 배 주머니에서 나오
지 않고 의존하여 살려고 하는
자식을 말하는 것이고, 헬리콥
터 엄마는 자식의 주변에서 끊
임없이 비행하면서 자식의 모
든 문제를 다 보살펴줘야만 하
는 엄마를 말한다.

나라와는 달리 우리나라는 노후를 보장해주지
않는다. 조금씩 해준다고 하지만 그것으로 노후
를 의지한다는 것은 도저히 불가능하다. 자식들
이 당신의 노후를 책임져 줄 것도 아니다. 자기들
먹고살기도 바쁜데 부모를 챙길 여력은 없다. 캥
거루 자식이 되어서 헬리콥터 엄마를 찾지나 않
으면 다행이다.*

우리는 모두 인생의 어느 순간에 일을 그만두고 세계 여행을 즐
기면서 살고 싶다는 희망을 품고 있다. 자동차로 미국 일주 여행을
하고, 남미의 마야 잉카 문명 트레킹도 해보고 싶다. 유럽으로 배낭
여행은 필수이고 체력과 기회만 된다면 아프리카 야생 표범, 북극
오로라, 남극 펭귄까지 다 한번 보러 다니고 싶다. 주말에는 오픈카
를 타고 야외로 드라이브를 나가고 주중에는 시내 맛집을 돌아다닌
다. 운동으로 몸을 만들고 등산과 스쿠버 다이빙으로 사람들과 어울
린다.

한두 가지 취미 생활도 있어야 하겠다. 사진, 그림, 목공, 색소폰
등 타고난 자질이 있었음에도 먹고살기 위해 포기해야만 했던 재능
을 다시 한 번 살려보고 싶기도 하다. 실제로 내가 아는 사람 중에는
이런 사람이 많다. 어떤 사람은 서울 시내 모 대학교 정문 앞에 원룸
을 보유하고 있는데 월세가 800만 원이나 나온다. 자식들은 다 분가

해서 잘사니, 혼자 그 돈을 쓰며 살면 된다. 하루가 멀다고 해외여행을 다니고, 모임이 있을 때마다 사비를 들여 먹거리를 준비해온다. 볼 때마다 비싼 새 옷 자랑이다. 카카오톡 단톡방에는 새로운 여행지에서 찍은 환상적인 사진이 매일 올라온다. 이런 삶을 꿈꾸지 않는다면 거짓말일 것이다.

하지만 이 모든 것은 다 재산이 뒷받침되어야만 가능한 일이다. 도대체 얼마를 모으면 이렇게 남부럽지 않게 살 수 있을까. 지금 가진 것으로는 노후에 뒷방 마님 신세나 면할 수 있을는지. 대한민국 사람의 십중팔구는 다른 모든 사람처럼 지하철을 헤매면서 노인석 자리를 두고 다투게 될 것이다. 얼마면 지하철 노후를 면하고 남미 안데스 트레킹을 갈 수 있을까.

따져보는 일은 간단하다. 부부가 둘이 산다고 가정하고 월 생활비로 200만 원이면 서울에서 살 수 있다.** 여러 경조사비를 포함해도 월 250만 원 이내면 충분하다. 사실 이 돈이면 세계 어디에 가서도 살 수 있다. 미국, 영국, 프랑스 등 생활비가 제아무리 비싸도 월 250~300만 원이면 생활할 수 있다. 대도시에서 철도로 한 시간 정도 떨어진 지역에 주택을 6개월 단기 임대하여 살면 월 250만 원이면 충분히 살고 남는다. 300만 원 정도 잡으면 주변 지역 관광도 할 수 있다. 실제로 그렇게 생활하는 선배도 몇 있다. 해외에 나가

** 독자께서는 각자 사는 지역 여건에 따라 적당한 금액을 대입해서 계산하기 바란다. 그러면 노후에 필요한 재산 규모가 나온다.

있는 동안 한국에서는 기본적인 관리비만 지출하면 되기 때문에 추가로 드는 비용은 그리 많지 않다. 단 이런 생활은 어느 정도 언어가 받쳐줘야 가능하다. 또 해외 생활이 익숙한 사람이어야 가능하다.

따라서 국내에 살면서 해외여행도 다니고 옷도 좀 좋은 옷을 입고 오픈카를 탈 수 있는 정도가 되려면 한 달에 얼마나 필요할까? 각자 계산해보자. 나는 월 500만 원 정도면 넉넉한 노후를 보낼 수 있을 것 같다.* 연금이 나온다면 그만큼 금액에서 공제하면 된다. 실제로 위에서 말한 선배는 부부가 고위 공무원 출신으로 각각 300만 원의 연금을 받는다. 당연히 세금 안 내는 연금이 600만 원이다. 그 선배는 매달 300만 원으로 국내와 해외를 오가며 산다. 나머지 돈은 약간의 문화생활 비용으로 사용하고 나머지 대부분은 손자와 손녀 집장만 적금을 들었다. 하여간 월 500만 원이면 연 6천만 원이다. 금리 3%를 적용하면 20억 원의 재산이 필요하다. 2%면 30억 원이다. 물론 살 집은 별도이다. 살 집까지 포함하여 평균 30억 재산가는 되어야 한다는 뜻이 된다.

* 계산의 편의를 위해서 500만 원을 잡았다. 세전 기준이다. 세금을 내더라도 그 정도면 아주 훌륭한 노후가 될 것이다.

위기 활용의
세 가지
조건

　　　　부동산 위기를 활용하려면 몇 가지 준비가 되어야만
한다. 먼저 부동산은 돈이 준비되어야 한다. 매매 단위가 최소 수억
원에서 수십억 원은 있어야 한번 도전해 볼 엄두를 낼 수 있다. 몇천
만 원으로는 쳐다볼 수도 없다. 그래서 대부분 사람은 부동산을 투
자 대상에서 원천적으로 배제해 버린다. 이것이 사람들이 저지르는
첫 번째 실수다. 우리 주변에 이런 말을 하는 사람들이 있다. '세상에
부자가 되는 방법은 딱 세 가지뿐이다. 부자 아빠를 두거나, 부자 배
우자와 결혼하거나, 부자 자식을 낳는 것이다. 그 외에는 부자가 될
방법이 없다.' 이런 자조적인 주장에 공감이 간다면 당신은 더는 이
책을 읽을 필요가 없다.

　　수십억 원을 손에 쥐고 태어나는 사람은 없다. 태어날 때는 모두

가 빈손이다. 부모를 잘 만난 사람만 부동산 투자를 할 수 있는 것은 아니다. 돈이 많으면 많은 대로 적으면 적은 대로 부동산 투자를 할 수 있다. 가진 것이 적으면 시간이 좀 더 많이 걸릴 뿐이다. 하지만 중요한 점은 부동산 투자를 위해서 아무리 적은 돈이라도 항상 모아야 한다.

지레 포기하고 돈을 다 써버리면 방법이 없다. 요즘은 내 집 마련은 포기하고 임대주택에 살면서 차는 외제 차를 타고 외식과 문화생활에 돈을 더 많이 쓰는 사람이 많다. 나름대로 일리 있는 선택이다. 사실 내 집 마련한다고 힘들게 살아야 할 이유는 없다. 그렇게 아웅다웅하면서 살아봐야 남는 것 하나 없다. 집 장만이 끝나고 나면 내 젊은 날은 다 가버리고 없고 그렇게 모은 재산으로 자식들이나 호강하고 끝나는 것이다.

과거 현대건설 구조조정이 진행되던 2000년대 초반의 이야기다. 현대건설은 자금 압박을 견디지 못하고 서산 간척지 논을 일반에 팔기 시작했다. 논을 평당 3만 원에 팔았는데 그 값이면 꽤 괜찮은 가격이었다. 그때 매각 담당 부장의 이야기로는 기계화와 농촌진흥청의 농지 매입자금 지원 프로그램 때문에 최대 5만 평까지 살 수 있었다. 농업의 기계화 덕분에 부부가 열심히 일하면 5만 평 쌀농사를 충분히 할 수 있을뿐더러, 농촌진흥청의 농지 매입자금 프로그램이 5년 거치 20년 상환인데 25년 동안 열심히 농사지으면 자식 키우고 생활하고 원리금 다 상환할 수 있다는 것이었다. 25년 후면 5만 평의 논이 고스란히 내 것이 되는 것이다.

담당 부장이 보기에는 25년간 좀 고생을 해야 하긴 하지만 충분히 타산이 맞는 조건이었다. 그런데 농민들의 반응이 그리 뜨거운 것만은 아니었다. 이유는 간단했다. 어렵게 살지 않겠다는 것이었다. 25년이면 자신은 늙어버리고 땅을 물려받는 자식들만 호강한다는 이유였다. 고생해서 돈을 벌고 자식 고생 안 하게 재산을 물려주는 것이 미덕인 줄 알고 50년을 넘게 살아온 담당 부장으로서는 참 의외의 반응이었다.

사람들의 생활 방식은 이미 바뀌어 버렸다. 젊은 날을 희생할 생각이 없는 사람에게 부동산 부자는 어려운 얘기다. 그러나 젊은 날을 약간 희생하고 그 결과로 노후를 윤택하게 살 생각이 있다면 한번 시도해볼 만하다. 우선 얼마 안 되는 돈이라도 열심히 모아야 한다. 그렇게 해서 다만 몇천만 원이라도 만들고, 더 불려 1~2억 원이라도 만들면 그땐 준비된 거다.

여러분도 부동산 투자에 나설 수 있다. 물론 원래 재산이 많다면 그런 고생을 할 필요가 없긴 하다. 어쩌면 이런 책을 읽을 생각도 안 할지 모른다. 그러나 1~2억 원으로 투자에 나서고 싶은 사람에게는 소위 '갭^{Gap} 투자'라는 것을 소개해주고 싶다. 갭 투자는 전세를 안고 집을 사는 것이다. 전세대금과 매매대금의 격차^{Gap}만큼 돈이 있으면 된다. 그러나 전세를 안고 집을 사는 것이 그렇게 말처럼 쉬운 것만은 아니다. 특히 요즘처럼 집값 상승에 대한 불확실성이 존재하는 시기에는 더욱 어려운 투자 방법이다.

갭 투자의 사례를 들어 보자. 금융시장 전문가의 관점에서 보면 갭 투자라는 것이 별것은 아니다. 그저 무금리 차입투자^{레버리지 투자}에 불과하다. 차입투자이다 보니 투자 성공 시 수익률이 높다. 반대로 투자 실패 시에는 손실률도 높다. 다만 무금리 레버리지라 이자와 같은 보유비용이^{Holding cost}이 들지 않는 장점이 있다.

정확하게는 보유비용이 들지 않는 것은 아니다. 집의 소유권과 사용권을 분리하여 사용권을 차입 이자라는 가격에 판매한 것이다. 금융시장으로 치면 분리형 신주인수권부 사채^{Bonds with detachable warrants}와 유사한 개념이다. 회사채와 신주인수권을 끼워 팔아서 조달금리를 낮추는 것이다. 신주인수권을 얼마나 끼워파느냐에 따라서 무금리 차입도 가능하다.

갭 투자는 세 가지 조건이 갖춰져야 한다. 첫째 집값이 오름세에 있어야 한다. 대 바닥이면 최적이다. 둘째 매매가와 전세가의 차이^갭가 작아야 한다. 셋째 일시적 자금 조달 능력이 있어야 한다. 내가 보기에는 지난 2013년은 10년에 한 번 올까 말까 한 근래에 보기 드문 갭 투자 기회였다.

2013년 사례를 들어 보자. 먼저 투자 대상 아파트의 가격이 4억 5,000만 원에서 3억2,500만 원까지 하락했다고 가정하자. 이 아파트를 3억2,500만 원의 자금을 투입해서 매수하여 집값이 원래 제자리인 4억5,000만 원으로 돌아오면 ^{4억5,000만 원 − 3억2,500만 원} 1억 2,500만 원의 투자 수익이 발생한다. 그리고 이것은 ^{1억2,500만 원 ÷ 3억2,500만 원} 38.46%의 수익률이다.

그런데 이 집에 2억 원의 전세 세입자가 들어있다면 투자자는 ^{3억 2,500만 원 − 2억 원} 1억2,500만 원의 자금을 투입하여 매수가 가능해진다. 이때의 투자 수익률은 ^{1억2,500만 원 ÷ 1억2,500만 원} 100%가 된다. 그리고 1년 뒤 2억6,500만 원으로 전세를 올렸다면 투자 원금은 6,000만 원으로 감소했다.

여기서 위의 세 가지 조건에 맞춰 설명해보자. 2013년 상반기는 정부가 너무 오래 부동산 시장을 틀어막아 놓아서 집값이 하락하고 거래가 실종된 상황이었다. 그리고 이명박 정부에서 박근혜 정부로 새 정부가 들어섰다. 새 정부는 부동산 시장을 살리겠다고 각종 정책을 내놓기 시작했다. 취·등록세 인하, LTV DTI 규제 완화, 양도세 면세 혜택 부여, 청약 자격 및 분양권 전매 규제 제거 등 기존 및 분양 시장에 대하여 풀 수 있는 규제는 다 풀었다고 해도 과언이 아니었다.

이 정도 정책이면 아무리 감각이 떨어져도 부동산 시장이 돌아설

것이라는 정도는 눈치채야 한다. 이때가 매수 적기다. 첫 번째 조건
은 갖춰진 셈이다. 위에 제시한 사례는 당시 분당 모 지역에서 일어
난 실제 매매를 적어놓은 것이다. 4억5,000만 원짜리 아파트가 3억
2,500만 원까지 가격이 하락했다. 그때 해당 주택에는 2억 원에 전세
세입자가 있었다. 그래서 투자자의 투자 자금 소요는 1억2,500만 원
으로 줄었다. 100%의 투자 이익을 거둔 셈이다. 이제 두 번째 조건
도 설명되었다.

마지막인 일시적으로 대규모 자금을 동원할 수 있어야 한다는
세 번째 조건을 보자. 사실 당시 해당 아파트의 전세 시세는 2억
6,000~8,000만 원 정도에 형성되어 있었다. 전세가는 오르는 데 반
하여 집값은 하락하여 2억6,500만 원의 전세를 끼고 3억2,500만 원
에 매입하면 투자 자금은 6,000만 원밖에 들지 않는 상황이었다. 그
리고 그 투자자는 6,000만 원 밖에는 투자 여력이 없었다. 그러나
기존 세입자의 계약 기간이 1년 정도 남아있는 상태여서 그때까지
6,500만 원을 추가 조달해야 했다. 이 투자자는 부족 금액을 가족으
로부터 빌렸고, 1년 뒤 2억6,500만 원으로 전세를 올림으로써 그 빚
을 갚았다. 6,000만 원 투자에 1억2,500만 원 수익을 올렸으므로 수
익률은 이미 200%를 초과했고, 아직도 해당 아파트는 가격이 상승
하고 있다.

이렇게 성공적이기만 하면 얼마나 좋을까. 현실은 그렇게 녹녹하

지 않다. 아파트 가격이 추가 하락했으면 어땠을까? 3억2,500만 원에서 3억 원으로 하락하면 투자 원금은 3억 원 - 2억 원 - 6,500만 원 3,500만 원으로 줄어들고, 2억6,000만 원으로 하락하면 투자 원금은 다 날리게 된다. 그 이하로 빠지게 되면 돈을 더 넣어야 빚을 갚을 수 있는 상황이 된다. 갭 투자는 이래서 위험하다. 잘못하면 원금만 손실이 아니라 추가적인 자금 투입이 불가피할 수도 있다. 따라서 갭 투자는 위에 제시한 세 가지 조건을 온전히 지키는 상태에서 투자에 임해야 한다.

두 번째로 자산 배분에 관한 확고한 원칙이 있어야 한다. 앞 장에서 기술한 원칙은 필요조건이고 개인마다 다른 여러 가지 맞춤형 원칙이 추가되어야 한다. 그렇지 않으면 부동산 투자는 낭패를 보게 된다. 부동산은 주식투자와는 완전히 다른 측면을 가지고 있기 때문이다. 투자라는 차원에서는 상당 부분 일치하는 특성이 있지만, 부동산과 주식은 성향이 다르기 때문이다.

'위험'을 다른 말로 바꾸면 '유사시 얼마나 손해를 덜 보고 현금으로 바꿀 수 있나'이다. 이런 관점에서 주식은 손해를 조금 보고 현금화할 수 있는 자산이다. 자신이 세워 놓은 한도까지만 손실이 발생한다. 예를 들어 5% 손실 원칙을 세우고 있으면 5% 손실만 보고 현금화할 수 있다. 하다못해 그 위험한 파생상품도 손절매 규칙만 지키면 현금화가 얼마든지 가능하다. 그러나 부동산은 그것이 되지 않는다. 쉽게 팔리지 않는다는 말이다. 부동산은 투자자산 중에서 가장 위험한 투자자산이다.

부동산은 어디로 없어지지 않는 자산이므로 안전하다는 생각은 착각에 불과하다. 돈으로 바꾸지 못하는 땅은 아무짝에도 쓸모가 없다. 나쁜 물건을 고르면 되팔지도 못하고 투자 원금을 다 날리기 일쑤다. 심하면 엄청난 보유비용으로 경제적 고통을 받기도 한다. 한 달에 백만 원씩 관리비가 나오는 타운하우스가 그런 경우다.

좋은 물건을 골랐다고 해서 이익을 본다는 보장도 없다. 타이밍을 놓치면 손해를 감수하고 울며 겨자 먹기로 팔 수밖에 없다. 아예 팔지 못하고 현금이 묶여버려 부도가 날 수도 있다. 추격매수에 나섰다가 턱없이 비싼 가격에 바가지를 써서 좋은 물건인데도 돈을 벌지 못하는 일도 있고, 반대로 너무 싸게 팔아서 손해를 볼 수도 있다. 부동산은 가장 위험한 투자이다. 그만큼 자산 배분의 원칙이나 방법이 확고하게 준비되어야 한다.

세 번째로 그리고 마지막으로 부동산을 고르는 안목을 키워야 한다. 안목이란 일반적으로 타고나는 것이다. 어떤 경우에는 아무리 가르쳐줘도 모르는 사람이 있다. 학교 공부는 정말 잘하던 사람인데 물건 보는 눈은 정말로 형편없을 수가 있다. 참 안타까운 경우이다. 하지만 대부분 안목은 훈련으로 키워진다. 아무리 자질을 가지고 태났어도 훈련이 없으면 안목은 생기지 않는다. 반대로 타고난 자질은 그리 좋지 않다고 하더라도 훈련을 지속하면 상당한 수준의 안목을 키울 수 있다.

안목을 키우는 가장 좋은 방법은 틈나는 대로 발품을 파는 것이다. 일부러 돌아다녀도 좋고 아니면 돌아다니면서 무심코 지나치지 말고 나름대로 판단을 해보는 것이다. 여기는 이런 특성이 있는데 그로 인하여 이런 좋은 점과 저런 나쁜 점이 있겠구나. 이런 생각을 끊임없이 하고 다른 유사한 곳에 가서 자기가 본 것이 맞는지 확인해 보는 것이다.

예를 들어 보자. 어떤 사람이 커피숍을 운영하려고 상가 자리를 알아본다고 쳐보자. 어떤 부동산에서 12차선 대로변 1층 상가 자리가 있다고 하면 어떻게 할 것인가? 이런 경우는 대체로 커피숍으로 좋은 자리가 아니다. 광화문대로 같은 경우를 제외하고는 사람들은 인사동 거리 같은 좁은 도로를 걸어 다니지 12차선 대로변으로는 잘 돌아다니지 않는다. 12차선 대로는 차들이 다닌다. 그리고 차는 휘발유를 마시지 커피를 마시지 않는다. 즉 주유소는 될지언정 커피숍은 옳지 않다는 뜻이다.

물론 그것도 개별 물건의 특성에 따라 다르며 일반화할 수 있는 것은 거의 없다. 따라서 자꾸 돌아다녀 보고 고민하고 물어봐야 한다. 다다익선이다. 물론 실제 투자에 나설 때는 전문가의 도움을 받을 필요가 있다. 그러나 기본적인 안목은 키워놔야 전문가의 도움도 받을 수 있다. 이 세 가지면 여러분도 준비되었다. 이제부터 부동산별 흐름과 투자 전략에 대해서 따져보자.

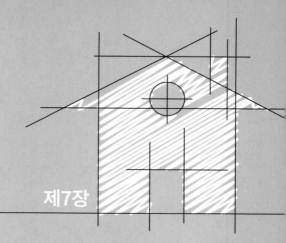

제7장

단기 부동산 위기인가, 기회인가.

재건축은 불안,
리모델링은
저평가*

먼저 단기적 관점에서 지금이 아파트 매수에 적당한 시기인지 따져 보는 것부터 시작하자. 이것은 지역별로 다르다. 앞에서 일부 기술한 바 있기는 하지만 벌집모형을 적용해보면 지방은 과열 상황을 지나 시장 냉각기로 들어선 것으로 보인다. 지방은 이미 미분양이 늘기 시작한 지 오래다. 청약 1순위 분양률 '0'인 단지도 수두룩하다. 그런데도 분양가는 상승하고 있다.

지방에서 집 장만을 해야 하는 경우라면 잠시 기다리는 것도 방법이겠다. 특히 미분양이 늘어날 때는 신규 분양 신청을 하기보다는 침체 바닥

* 물론 이것은 전체적인 관점에서 이야기하는 것이고 개별 지역마다 특성이 다 다르다는 점을 잊지 마시라. 어떤 곳은 부동산 시장 상황이 아무리 급변해도 가격에 별 변동이 없을 수가 있다. 별로 오르지도 않고 별로 내려가지도 않는다. 또 일반적으로 유동성이 떨어진다고 알려진 유형의 부동산이 유동화가 잘 되는 지역도 있다. 이런 지역은 언제 집을 사던 또 팔던 별 관계가 없겠다. 또한, 이 책을 집필하는 이 순간의 판단이고, 상황이 변화하면 판단도 달라질 수밖에 없다는 점을 고려하기 바란다.

을 기다려서 입지여건이 좋은 곳을 골라 미분양 아파트를 싸게 사는 것도 집 장만하는 방법이다. 따라서 지방은 매도와 매수의 기세를 살펴보면서 기다리는 것이 좋겠다. 어느 시점에 시장이 매도로 일관할 때, 매수세가 실종되었을 때쯤에 서서히 움직이기 시작해도 늦지 않다. 물론 이럴 때도 시장을 잘 살펴야 한다. 시장이 돌아설 것인지에 대한 판단이 절대적이다. 지하 1층인 줄 알고 샀는데 지하 2층으로 가버리면 낭패이기 때문이다. 그래서 너무 성급하게 움직이지 않는 것이 좋다. 부동산은 성급하면 망한다.

말이 쉽지 언제가 바닥이고 언제가 꼭지인지 어떻게 아느냐고 질문하는 사람이 반드시 있다. 그런데 그것은 정말 안목이라서 설명하기 힘들다. 그런데도 매수 매도 적기를 잡으려면 벌집모형이나 전세-매매 전환 모형 정도는 공부해두기 바란다. 가장 일반적으로 적용되는 모형이다.

지난 2000년대 수도권 시장에만 국한해서 살펴보자. 2003년 매수, 2006~2008년 중반 매도, 2008년 말~2009년 초 매수, 2009년 말~2010년 초 매도, 2013년 매수 기회가 왔었다. 이번 호황이 매도 기회를 줄 것이다. 벌집모형은 점점 매도 쪽으로 움직이고 있다. 그러나 이런 모형들의 흠은 일반적으로 매도 기회가 지나고 나서야 '그때가 매도 기회였구나' 하는 것을 알게 된다는 점이다. 그래서 나는 감각에 의존하는 편이다. 물론 이론적 모형으로 기본 분석을 한다.

그 위에 감각을 더하는 것이다. 비과학적인 신기神氣 정도로 받아들이지는 마라.

내 감각은 정부의 부동산 정책이다. 우리 부동산 시장은 정부 정책이 잘 먹혀들어가는 편이다. 먼 미래에도 먹혀들어 갈지는 알 수 없다. 나는 좀 부정적으로 본다. 정부 정책도 약발이 먹히지 않을 정도로 어려운 국면에 도달할 것이다. 하지만 그건 좀 먼 미래의 일이고 아직은 정부의 의지가 부동산 시장의 상승과 하락에 상당한 영향력을 발휘한다. 그래서 정부 정책을 읽어야 한다. 정책 내용은 필수다. 부동산 시장의 물꼬를 터줄 수 있는 내용인지 살핀다.

그다음은 강도强度, 즉 '세기'다. 고강도 대책이냐, 아니냐도 중요하다. 일반적으로 정부의 부동산 관련 대책은 처음에는 약한 것이 나온다. 그러면 시장은 그 대책을 우회하는 방법을 찾는다. 두 번째는 좀 더 센 것이 나온다. 여전히 시장은 정책에 반응하지 않는다. 세번째에는 초고강도 대책이 나온다. 그때야 시장은 움직인다. 이것이 일반적인 공식이다. 침체 국면을 회복시킬 때나 과열을 식힐 때나 마찬가지다. 감각정부 정책을 근거로 판단할 때 수도권은 총체적으로는 아직 매도 국면에 도달하지 않은 것 같다. 물론 종류, 지역에 따라 다른 접근이 필요한 것은 두말할 나위가 없다.

서울로 넘어오면 지역과 종목에 따라 엇갈린다. 일단 서울이 버블인지는 앞에서 살펴봤다. 가계부채가 너무 늘어서 걱정이지, 부동산 가격 자체만 놓고 보면 전반적으로 버블이라고 할 정도는 아니다. 일부 과열 징후를 보이는 부분을 빼고는 추가적인 상승 여력도 있다. 과열 징후를 보이는 것이 있기는 하다. 재건축은 과열로 치닫는 것 같다. 물론 재건축이라고 전부 과열인 것은 아니며, 지역에 따라 판단해야 한다. 찬바람이 부는 재건축 대상 아파트도 있다.

강남은 확실히 뜨겁다. '떴다방'이 출동하고 투기세력이 기승을 부리고 있다. 일단 이런 곳은 과열이고 뭐고 간에 눈길도 줄 필요가 없다. 아파트 가격이 급등한다고 해서 일반인 투자자가 돈 벌 기회는 오지 않는다. 괜히 잘못 끼어들었다가 고점에 물리기 일쑤다. 강남은 이 책을 집필하는 현시점에 정부가 과열억제 대책을 내놨다. 강남 재건축과 아래에 기술하는 수도권 신규 분양시장의 분양권 전매를 틀어막았다. 군사용어로 '국지 타격Surgical strike'을 한 것이다. 이 정도면 정부의 부동산 정책 중에서 좀 약한 첫 번째 단계에 해당한다. 아직 정부는 부동산 시장을 잡을 생각이 없는 것이 확실하다.

수도권 외곽의 신규 분양시장도 열기가 뜨겁다. 청약경쟁률로 치자면 강남은 광풍, 수도권은 열풍, 지방은 냉풍이다. 벌집모형으로 분석해보면 지방은 그럴 수밖에 없는 단계에 들어간 지 이미 오래다. 강남은 분양가 '3.3㎡당 5천 시대'를 열 뻔했을 정도로 광풍이다. 정부가 '팔 비틀기'를 하지 않았다면 '5천 시대'가 되었을 것이다.

수도권 외곽의 열풍은 어디서 불어올까. 그 시작은 전세난이었다. 원래 전세가율이 60%를 넘어서면 매매가가 반응한다는 것이 일반적인 정설이었다. 그런데 서울 및 수도권의 전세가율이 70~80%를 넘어설 때까지 매매가가 반응이 없었다. 서울 일부 단지에서는 전세가율이 100%를 넘는 곳도 나타났다. 전세가율보다는 전세가傳貰價 자체가 고공행진 한 것이 발단이었다.

사실 전세임대의 최대 수요층인 30대가 감당하기에 전세가가 너무나 비싸게 올랐다. 그들 사이에서는 인구구조론이 널리 퍼져있었다. 그래서 매입보다는 전세를 더 선호한 측면이 있었다. 인구구조론 자체가 어느 정도 설득력이 있기는 했지만, 그보다는 집값 자체가 30대의 소득과 재산으로 감당하기에는 너무 비싸서 어쩔 수 없이 전세를 선택할 수밖에 없었다.

반대로 저금리로 인해 집주인들은 전세보다는 반전세나 월세를 원했다. 전세 수요는 많은데 공급은 줄어드니 전세가가 폭등하기 시작했다. 어느 순간 전세나 매매나 값 차이가 없어졌다. 돈은 돈대로 다 주면서도 갖은 눈치 다 봐야 하고, 2년에 한 번씩 거액을 올려 주든지 아니면 더 외곽으로 전세 난민을 떠나야 하는 상황이 전개되면서 전세를 사느니 차라리 집을 사는 게 낫겠다는 분위기가 형성되었다. 전세가에 조금만 보태면 집을 살 수 있는 상황이기도 했다. 사실 전세가 상승 추이로 보면 어차피 2년 후에는 현재의 매매가 수준으로 전세금을 올려 주게 될 것이 뻔하므로 지금 집을 사는 것이 현명한 결정이 되었다.

그런데 정부 정책이 불을 질렀다. 수년간 누적된 수급 불일치로 집값이 상승하지 않을 수 없는 상황에서 부동산 부양정책이 나왔고, 그중에 특히 분양권 전매 제한을 풀어준 것이 결정타였다. 수도권 분양시장에 프리미엄^{웃돈}을 노린 투기세력이 들어오게 된 것이다. 지금 수도권 분양시장은 프리미엄 빼먹기 시장으로 변질하였다. 부동산으로 부자가 되고 싶은 사람은 이런 푼돈 먹기 시장은 거들떠보지도 말 것을 강력히 권고한다. 자칫 잘못하면 되팔지 못하고 물리게 될뿐더러 살 집으로 분양받는 경우라도 입주 시기가 몰리는 2019~2020년 경이면 하강기로 들어갈 가능성도 매우 큰 상태다.

리모델링은 아직 저평가 상태인 것으로 본다. 리모델링은 2016년 8월 초 정부가 내력벽 철거를 3년간 유보하면서 열기가 식어버렸다. 사실 그때까지 방향을 못 잡고 있던 대기자금들이 유보 발표 이후로 재건축으로 대거 방향을 틀었다. 내력벽 철거를 허용했다면 리모델링이 훨씬 더 유리한 대안이었다. 리모델링은 재건축과 달리 기존 면적의 30~40%를 증축할 수 있으며, 일반 분양도 15%까지 허용된다. 리모델링 연한도 15년으로 재건축의 30년에 비해 훨씬 짧기도 하고, 리모델링을 추진하다 안 되면 재건축을 하면 그뿐이다.[*] 공사기간이나 비용 면에서도 리모델링이 훨씬 유리하다.

세대 간 내력벽 철거가 불허되면서 대기자금
들은 리모델링이 물거품이 되었다고 판단한 듯
하다. 리모델링 예상 단지들의 가격이 급락했고
일시적으로 매수세가 사라졌다. 그러나 세대 간
내력벽 철거 불허에도 불구하고 상당수의 리모
델링 단지들이 예상을 깨고 상당히 좋은 평면 계획의 설계도를 만들
고 있다. 강남 개포동, 분당 정자동 등 꽤 여러 단지에서 리모델링이
거의 성사 단계까지 접근했다. 이들 지역은 입지적인 우수성에도 불
구하고 낙후된 건물 때문에 가격 측면에서 많이 저평가되어 있다.
리모델링이 진행될 경우 그 저평가가 프리미엄으로 바뀌면서 재산
가치 증식의 기회를 줄 것이다.

기왕 리모델링 이야기를 하는 김에 신도시에 대해 조금 더 말해보
자. 주목할 곳은 1기 신도시이다. 뒤에 다시 언급하겠지만 30분 출
퇴근 거리라는 관점에서 보면 1기 신도시가 북방 및 남방한계선 내
로 들어온다. 더구나 1기 신도시, 특히 분당과 일산은 도시 설계가
무척 잘되었다. 서울로의 대중교통도 이보다 편할 수가 없다. 문제
는 주택이 낡고, 구식 평면도라는 점이다. 나머지는 다 좋은데 집만
나쁘다. 그래서 분당과 일산은 리모델링만 하면 최고의 주거지역이
될 것이고, '천당 아래 분당'이라는 명성을 되찾을 수 있다. 지금은
사람들이 쳐다보지 않는 곳, 분당과 일산의 리모델링을 눈여겨보라.

* 리모델링을 한 경우에도 30년이면 재건축을 할 수 있다. 재건축 기간 산정 기산일은 리모델링 시점이 아니라 최초 준공 시점으로 잡기 때문에 기한의 불이익이 발생하지 않는다.

아파트가 아닌 집합건물을 통칭해서 보자. 타운하우스, 빌라, 다세대주택, 도시형 생활주택 등이 포함된다.[*] 먼저 타운하우스다. 타운하우스는 설명하지 않아도 잘 알리라 생각한다. 그래도 한마디 거들고 넘어가자. 초기 타운하우스는 정말 좋은 곳이 많았는데, 빌라와 비슷한 개념으로 보면 된다. 단독주택과 달리 누군가 관리해준다는 것이 가장 큰 장점이고 단독주택보다 상대적으로 안전하기도 하다. 그러면서도 마당에 잔디가 있는 단독의 장점도 가졌다. 주로 외곽에 위치하여 별장이나 전원주택 같은 쾌적함과 청정함도 어느 정도 갖추고 있다. 좋은 타운하우스는 상대적으로 유동성도 있는 편이다. 그들만의 리그이기는 하지만 말이다.

2000년대 중반 대형아파트 버블 때 지은 타운하우스들이 문제다. 빈집도 많고 관리비도 엄청 올라갔다. 그 정도의 관리비를 부담하면서 살 수 있는 사람이 그렇게 많지 않다는 것이 문제다. 일단 시내 고급 빌라에 살던 사람이 전원으로 이사 가는 수요가 있어야 하는데 그런 수요가 많지 않다. 빈집이 있으면 더욱더 단지를 채우기 힘들어진다. 빈집이 여기저기 있는데 이사 가고 싶은 마음이 들지 않는다.

따라서 가지고 있어 봐야 관리비 내느라고 허리가 휜다. 분가했던 가족들을 다 모아 함께 살면서 관리비 분담하고 싶지 않으면 손

대지 말 것을 추천한다. 기본적으로 타운하우스는 관리비 걱정 안
하고 살 수 있는 사람에게나 권할 만한 것이다.

그런 관점에서 고급 빌라도 마찬가지다. 환금성이** 좀 떨어지기
는 하나 누군가 체계적으로 관리해주면서 어느
정도 프라이버시를 지킬 수도 있다. 또한 '그들
만의 리그'로 산다는 특별함도 즐긴다. '몇 호는
어디 회장네고, 몇 호는 어느 장관네야' 이렇게
이름만 대면 누군지 알 수 있는 사람끼리 모여서
산다는 특권을 즐긴다는 말이다. 그분들이 이 책
을 읽을 것 같지는 않다. 따라서 빌라도 독자들
께는 추천하지 않는다. 절대 타운하우스와 빌라
는 추천하지 않는다.

다세대주택이나 도시형 생활주택 역시 마땅
하지는 않다. 모두 환금성이 좋지 않은 편이다.
다세대주택이 가격 면에서는 유리하다. 하지만
그 장점 외에 다른 장점은 별로 없는 편이다. 또
한, 재건축이나 재개발도 쉽지 않다. 소유권이
분산되면 그리드락*Gridlock*에*** 걸린다.

그런 면에서는 도시형 생활주택도 마찬가지
다. 도시형 생활주택은 이명박 정부 때 주택 부

** 경제학에서는 유동성이라고
한다.

*** 그리드락은 사적 소유권이
너무 많아서 소유자들의 이해
관계가 엇갈리면서 모두가 피해
를 보는 상황을 말한다. 미국 컬
럼비아법대 마이클 헬러 교수
는 그의 저서 〈소유의 역습, 그
리드락〉에서 그리드락을 '반(反)
공유지의 비극'이라고 규정한 바
가 있다. 그리드락은 본래 교차
로에서 차가 뒤엉켜서 움직이지
못하는 상태를 뜻하는 말이다.
이에 반하여 공유지의 비극(The
Tragedy of the Commons)은
소유권이 아무에게도 없는 공유
자원은 오남용으로 인하여 황폐
해진다는 것을 경고하는 뜻이
다. 주인이 없는 목초지는 농부
들이 경쟁적으로 더 많은 소를
끌고 나옴으로써 목초지가 금세
황폐해진다. '공유지의 비극'은
영국에서 산업혁명 초기실제로
일어났던 일로서 생물학자 가렛
하딘이 1968년 『사이언스』에 발
표한 논문에서 제시했다.

족 사태를 해결하고자 고육지책으로 나온 것이다. 이명박 정부 당시 이미 주택의 수급 차질이 문제가 되고 있었다. 그러나 전국적 부동산 버블을 잡기 위해서 규제책을 지속하였고 특히 수도권은 아파트 규제를 지속했다. 그러면서 살집이 부족한 상황이 발생했고 신혼부부가 들어가 살 집이 없어서 결혼식을 늦추는 사태까지 발생했다. 이 때문에 전국의 예식장들이 된서리를 맞기도 했다.

그러한 부족 상황을 해결하기 위해서 공기도 짧고 가격도 저렴한 도시형 생활주택을 공급하도록 민간 건설업자들을 독려하였는데, 도시형 생활주택에는 주차장 등 각종 규제에 특혜를 주었다. 문제는 도시형 생활주택도 다세대주택과 똑같이 그리드락의 저주에 걸릴 수밖에 없는 운명이라는 점이다. 투자 가치 측면에서는 역시 쳐다보지 말기를 권고한다.

단독주택
그리고
전원주택은?

우선 이것은 일반화해 말하기가 정말로 곤란한 대상
이다. 위치에 따라서, 매수자의 필요와 안목에 따라서 달라진다. 싸
다고 팔리는 것도 아니고 비싸다고 안 팔리는 것도 아니다. 한마디
로 옛 어른들이 말하는 것처럼 임자가 따로 있는 법이다. 주택은 크
게 두 가지가 있다. 단독주택과 전원주택또는 별장이다. 뒤에서부터 시
작해보자. 전원주택이나 별장은 정말 부지런한 사람이 정말로 원해
서 가야 한다. 대부분 단독주택과 마찬가지로 주인이 직접 손을 보
지 않으면 금세 폐가처럼 변한다. 타운하우스나 빌라처럼 누군가 전
문적으로 관리를 해주지 않기 때문이다.

전원주택의 삶이란 정말로 고달프다. 드넓은 잔디밭의 아름다움
은 온종일 쪼그리고 앉아서 잡초를 뽑는 주인장의 고통과 땀을 먹고

산다. 온갖 정원수도 마찬가지다. 마당에 몇 평 텃밭이라도 가꿔서 상추라도 심어 먹으려면 허리가 굽는다. 텃밭이 열 평이 넘어가면 기업농이다. 트랙터가 필요하다. 차라리 그냥 사 먹는 게 훨씬 경제적이다. 눈이 오면 동네 사람들 모두 모여 진입로를 치워야 한다. 안 그러면 차가 올라오지 못한다. 가끔 양상군자梁上君子도* 맞을 준비를 해야 한다.

별장은 문제가 더 심각하다. 사고 나서 초반에는 좀 자주 들락거리지만 조금 지나면 시들해진다. 한 달에 한 번꼴로 가지도 않는다. 마당이 먼저 숲이 되어 간다. 집도 오래 비워두면 망가진다. 자동차도 세워놓기만 하면 금세 삭아버리듯이 집도 마찬가지다. 원래 전원주택이나 별장은 딱 두 번 기쁜 것이다. 살 때와 팔 때. 그중에 팔 때가 훨씬 더 기쁘다. 물론 그 두 번의 기쁨 사이의 기간은 고통의 연속이다.

전원주택과 별장은 정말로 거기에서 부지런히 일하면서 사는 데서 행복을 느낄 사람에게나 추천할 물건이다. 그래도 꼭 사야겠다면 몇 가지 요령을 알려드리겠다. 첫째, 사겠다는 결정을 내리기 전에 전세로 먼저 살아보자. 1년만 살아보면 자기가 전원생활에 적합한지 아닌지 결판난다. 또 본인은 원한다고 해도 가족이 원하지 않을 수 있다.

둘째, 일단 살겠다고 결정하더라도 집을 먼저 짓지는 말자. 저렴한 컨테이너 하우스를 하나 놓고 생활해볼 것을 권한다. 자신에게 맞는다고 생각하면 그때 가서 집을 지으면 된다. 맞지 않으면 팔아야 하는데, 전원주택을 사는 사람은 주택이 딸린 땅은 잘 사지 않는다. 이런 결정을 하는 사람들은 대체로 주택에 대한 자신만의 로망이 있으므로 집을 지어놓으면 팔기 어려워진다. 하지만 저렴한 컨테이너 하우스가 딸린 전원주택지는 상대적으로 잘 팔린다. 집을 짓기 전에 우선 오갈 수 있기 때문이다. 하지만 이것도 어디까지나 상대적으로 잘 팔린다는 이야기이지 본질에서 잘 팔린다는 것은 아니다. 여전히 유동화가 무척 어렵다.

셋째 독점지는 그냥 사도 된다. 투자 가치가 있기 때문이다. 독점지라고 하는 것은 그 부지만의 독점적 지위를 가진 토지를 말한다. 북한강 변의 강가 남향 땅. 지나가는 승용차에서 잘 보이지 않는 곳이면 더 좋다. 호화 별장이나 전원 카페 등으로 사용할 수 있는 토지와 같은 것은 투자 가치가 있다. 자금의 여유만 있다면 가격 불문하고 무조건 잡아놓을 것을 권한다. 이런 물건들은 시장에 잘 나오지도 않는다.

시내의 단독주택은 계속 주거용으로 사용할 수밖에 없는 것과 시간이 지나면 상업용으로 전환이 가능한 것의 두 종류가 있다. 일단 당장은 매수할 타이밍은 아닌 것 같다. 단독주택은 전원주택이나 별장과 마찬가지로 매도우위냐 매수우위냐에 따라 값이 천지 차이가

난다. 지금은 저금리가 매도우위의 여건을 만들고 있으므로 적극적인 매수에 나설 때는 아니라고 본다.

기본적으로 부동산 시장 침체기나 경제위기에 매수에 나서는 것이 좋다. 따라서 주거용 단독주택 마련을 생각한다면 타이밍은 아직 아니라고 생각된다. 다만 상업용으로 전환하는 것까지 고려한다면 대체로 약간의 시기 조정은 필요하겠지만, 대상 토지가 지닌 독점력을 고려해서 결정해야 한다. 다른 토지가 갖지 못한 매력이 있는지 그리고 그것이 얼마나 독점적인지를 봐야 한다.

톱 클래스의 연예인을 보면 눈이 부시다. 순간적으로 다른 모든 사람은 흑백으로 아웃포커스*Out focus* 되고 그 연예인만 천연색으로 줌업*Zoom up* 되어 내 눈에 꽉 차게 들어온다. 마찬가지로 토지도, 주택도, 상업용 부동산도 그런 미인이 있다. 눈부시게 매력적인 것들이 있다는 말이다. 이런 부동산은 비싸긴 하지만 눈에 보이면 그리고 능력만 된다면 가격 불문하고 붙잡아야 한다.

수익형
부동산이
뜨겁다?

수익형 부동산이 정말로 뜨겁다. 다 타버리는 것이 아닌가 싶을 정도로 활활 타오르고 있다. 사무용이나 주거용 가리지 않고 귀하신 몸 대접을 받는다. 가격이 얼마나 올랐는지 수익률 3% 물건도 찾기 힘들다. 기준금리가 1.25%인 상황이니 은행 예금이자로는 생활이 어렵다. 1억 원 예금에 월 15만 원 이자가 나온다고 가정하면 10억 원을 넣어야 150만 원이 나온다. 10억 원 자산가가 근근이 생활해도 모자랄 돈밖에 손에 쥐지 못한다.

또한, 은행에 있는 현금은 물가를 방어해내지 못한다. 은행이자보다 높은 월세가 나오고 물가도 방어해주는 수익형 부동산이 인기일 수밖에 없다. 주변에 꽤 많은 사람이 손에 5억 원, 10억 원씩 들고 수익형 부동산을 찾는다. 그 사람들 모두 내게 "어디 좋은 데 추천

좀 하라."고 한다. 그럴 때마다 몇 군데 추천해주고 거꾸로 되묻는다. "왜 지금 수익형 부동산을 찾으시나? 지금은 때가 아닌 것 같다. 은행에 놔두면 이자 나오지 않나?" 한결같은 답이 되돌아온다. "은행에 놔두면 불안하잖아."

돈이 물가 방어 능력이 없다고 불안해하는 것이다. 그래서 물가 방어 능력이 있는 부동산으로 바꿔놓으면 마음이 놓인다는 의미다. 한마디로 경제와 부동산 시장 상황과 전망에 확신이 없어서 나오는 반응이다. 대부분 사람이 손에 돈을 들고 있으면 불안하다. 한국은행에서 돈을 풀어대고 있으니 사람들 손에 큰돈이 들어온다. 그 돈이 다시 수익형 부동산 시장에 물밀 듯이 들어온다. 크게는 수백억 원 단위에서 작게는 수십억, 수억 원까지.

부동산이 물가 방어 능력이 있는 것만큼은 확실하다. 그러나 장기적으로 놓고 보면 물가를 뛰어넘는 것도 불가능하고 물가를 벗어날 수도 없다. 뉴욕의 맨해튼은 여러분이 알다시피 금싸라기보다 더 비싼 땅이다. 그런 맨해튼을 네덜란드 이주자들은 1626년에 아메리카 인디언 원주민으로부터 단돈 24달러에 사들였다.* 맨해튼 전체 땅이 2만4,000원에 할인이라니!

이로부터 362년이 지난 1986년에 맨해튼의 총 토지 가치는 무려 562억 달러가 되었다. 23억 4,200만 배가 된 것이다. 원주민으로서는 정말 바보 같은 짓이었고,

* 정확하게는 24달러어치의 '장신구와 구슬'과 교환했다.

네덜란드 이주자로서는 로또보다 더한 거래였다. 맨해튼을 팔고 난 이후 원주민은 '이 거래는 술에 취해서 사기를 당한 것이다. 거래를 취소해야 한다'고 주장했다고 한다. 실제로 팔지 않겠다는 의사가 너무나 완강해서 네덜란드 이주민은 원주민에게 술을 엄청 먹여 취하게 하고 나서야 간신히 거래를 성사시켰다고 한다.

그러나 이런 사연에도 불구하고 그때 원주민은 제값을 다 받고 판 것이라고 한다. 362년 동안 미국의 역사적 물가상승률을 적용하면 1626년의 24달러는 1988년의 562억 달러와 거의 일치한다는 것이다. 여기서 잘 생각해보자. 천하의 맨해튼 땅값도 물가의 한계를 뛰어넘지 못했다. 더구나 향후 디플레이션 시대가 도래할 때는 또 어떻게 될까? 그때는 '물가의 저주'로부터 자유롭지 못하게 될 것이다.

3%의 의미를 따져보면 또 다른 생각이 든다. 같은 금액을 은행에 보관하면 연 2%는 이자가 나온다.** 따라서 수익형 부동산에 돈을 넣어 추가로 생기는 수입은 연 1%p에 불과하다. 이 1%p로는 건물의 감가상각 비용은커녕 기본적인 유지보수 비용도 나오지 않는다. 미래가치가 얼마나 올라갈지는 아무도 모른다.

사실 미래가치 상승은 두 가지 차원에서 일어날 수 있다. 첫째는 물가상승이다. 역사적으로 부동산 가격 상승은 물가상승만큼 이루어진다. 두 번째는 금리 하락이다. 일정한 임대료가 계속 나온다고 가정할 경우 금리 인하는 투자

** 둘 다 똑같은 세전 기준을 적용한다.

의 요구수익률을 낮추게 되고 그에 따라 상업용 부동산의 미래가치
가 올라간다. 그러니까 임대료가 일정 금액으로 보장되는 수익형 부
동산이 있고 금리가 1%에서 0%로 내려간다면 수익형 부동산의 매
력도는 그만큼 올라가게 되어 미래가치가 상승한다.

그럼 앞으로 물가가 얼마나 더 올라갈 것이고 금리가 얼마나 더
낮아질 것인지를 따져봐야 한다. 유감스럽게도 당분간 물가는 지금
만큼 안정되어 있을 것이고 금리는 더 낮아지기 어렵다. 금리 인하
가 있다면 한 번 정도 추가될 수 있고 이 경우 기준금리 1.25%에서
1.00%로 내려가는 정도다.

돈이란 물건과 교환하기 위해서 발명된 것이니 궁극적으로는 어
떤 형태이든 현물로 바꾸어 놓는 것이 맞기는 하다. 그러나 교환 기
능 말고도 또 다른 기능이 있다. 저장 기능이다. 돈은 그 교환 능력
을 시간을 넘어 저장할 수 있다. 지금 사도 되지만 내일 살 수도 있고
내년에 살 수도 있다. 물가 방어를 잠시 포기하면 시간 저장이 된다.
지금 상업용 부동산은 너무 뜨겁다. 손을 대면 바로 불이 붙어 활활
타 없어져 버릴 것 같다. 너무나 뜨거운 상업용 부동산 시장, 열기가
식을 때까지 시간을 저장하는 지혜가 필요할 듯하다.

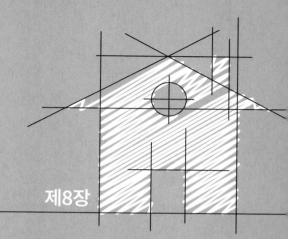

제8장

2030년 이후 주택시장 조감도

일본과
우리나라의
차이점

2030년 이후 부동산 시장의 흐름을 다시 한 번 훑어보자. 먼저 인구구조 측면에서 중장기 주택시장 흐름을 살펴보면, 중기에서 장기로 넘어서면서 시장 악화가 예상된다. 일본의 전철을 거의 따라갈 것으로 보이기 때문이다. 시차는 '1974년 – 1949년 = 25년'이다. 우연의 일치인지는 모르겠지만, 일본의 1990년 버블과 지금의 수도권 과열도 25년 정도 시차가 있다. 다만 일본과 같은 버블 붕괴가 25년 시차로 오는 것은 아니라고 판단된다.

일본의 1991년 버블 붕괴는 일반적인 침체와는 많이 다르다. 일본은 그 버블 붕괴로 장기 디플레이션에 빠졌다. 우리는 아직 장기 디플레이션으로 들어갈 시기는 아니다. 앞에서 분석했듯이 2025~2030년 정도가 유력한 시점이다. 언급했듯이 여러 가지 다른 변수들로 인해 디플레이션 시기가 더 지연되거나 더 당겨질 수 있다.

일본^{첨탑형}과 우리나라^{고원형}의 서로 다른 인구구조는 부동산 시장 흐름의 시간 궤적의 차이를 초래하는 원인으로 작용할 것이다. 우리의 전후 세대도 드디어 그 끝자락인 1974년생이 나이 40대에 들어섰다. 그러나 우리는 일본처럼 단카이 3년 이후처럼 급격한 출생아 수 감소가 있었던 것은 아니다. 구릉처럼 서서히 감소해 내려갔다.

따라서 일본의 부동산 수요는 섬광처럼 강렬한 초단기 에너지를 가지고 있었다면, 우리는 미지근한 화롯불처럼 천천히 오래가는 에너지를 가졌다. 따라서 우리의 부동산 시장에 문제가 시작되는 시점은 2030년[*] 즈음 총인구가 감소세로 돌아서는 시점이 될 가능성이 크다. 강도는 아주 조금씩 천천히 강해지지만, 기간은 일본보다 훨씬 더 오래갈 것이다.

인구구조뿐만 아니라 생활 양식도 고려해야 한다. 생활 양식은 부동산 가격보다는 좀 다른 측면에서 차이를 가져올 것이다. 우선 일본은 우리보다 자가 소유에 대한 집착이 덜하다. 또한, 전세 제도가 없으며 월세 제도가 자리 잡았다. 일본 사람들은 평생 열심히 돈을 모아서 은퇴 즈음에 조그만 내 집 하나 마련하는 것이 과거 서민들의 소박한 꿈이었다.

이런 문화적 차이로 일본은 경제 구조에 월

---

* 통계청 추계로는 2031년이다.

세 시스템이 내재하였다. '월세 시스템이 내재하였다'는 것은 제도 자체가 존재하느냐의 문제가 아니다. 사람들의 소득 수준에서 허용 가능한 범위 내로 임대료가 자리 잡아야 한다는 의미다. 우리는 아직은 주택가격이 너무 비싸서 월세 임대료도 월급에서 지출하기 부담스러운 수준에서 형성되어 있다.[**] 또한, 내 집에 살면서 부동산에 저축하는 것이나 임대해 살면서 금융자산에 저축하는 것이나 차이가 없어야 한다. 우리나라도 점점 이런 방향으로 움직이게 될 것이다. 이렇게 되면 소비자는 자가와 임대의 차이가 없어지고 어느 쪽을 선택해도 똑같은 상황이 된다.

또 다른 생활 양식의 차이가 있다. 일본 사람들이 선호하는 주거 형태는 아파트가 아니라 단독주택이다. 지진 때문인지 일본인의 세계관[***] 때문인지 모르겠지만, 결과적으로 일본인에게 아파트는 비호감이고 단독주택과 비교하면 열등재 대접을 받는다. 하기야 일본 사람들은 좀 독특하다. 일단 선진국 중에서 도시화율이 낮다. 일본 정도의 선진국이면 대체로 80%가 넘는 도시화율을 보인다. 미국이나 한국 모두 80%를 넘었다. 그러나 일본은 70%이다.

여성의 사회진출도 선진국보다 10%p 정도 낮다. 대체로 선진국들이 남성 80%, 여성 70% 정도의 경제활동 참가율을 보이는 데 반하여 일본 남

[**] 장기적으로는 소득이 올라가든지 주택가격이 내려가든지 할 것이라는 전망을 할 수 있게 된다.

[***] 일본인이 집을 보는 시선은 '우주를 내 집안으로'와 같은 관점인 것 같다.

성은 80%로 비슷하나 여성은 60% 정도에 그친다. 이런 생활 양식의 차이는 우리나라와는 다른 주택 문화를 만들었다. 일본은 단독주택 중심, 우리는 집단주택^{아파트} 중심이다. 이와 같은 기본적인 차이가 있다는 전제로 우리의 부동산 시장의 미래 모습을 그려보자.

한계부락과
공가주택

2030년 이후 우리의 주거용 부동산 시장은 어떻게 변모해갈까? 먼저 고령화의 영향을 살펴보자. 지금 우리나라 각 마을은 한계부락限界部落이 되어가고 있다. 한계부락이란 65세 이상 노인 인구가 전체의 50%를 넘어가는 마을을 지칭한다. 노인만 많고 어린이가 없어서 더는 마을로 유지하는 것이 한계 상황에 도달한 마을을 말한다.

일본의 경우에는 한계부락이 사회적 문제가 된 지 이미 오래되었다. 농촌은 말할 것도 없고 동경 시내에서도 문제가 발생하고 있다. 한계부락은 마을이 사회공동체의 기능을 멈추어 사람이 살기 점점 어려워지고 왕래도 줄어들어 노인의 고독사 같은 것들이 문제로 대두한다. 이와 같은 문제에 대응하기 위하여 일본 정부에서는 고령

자들에 대한 도우미 제도 등 다양한 복지제도를 도입하고는 있으나, 문제의 본질인 저출산 문제를 해결하지 못해 한계부락의 문제는 나날이 심각해져 간다.

한계부락의 문제는 이미 우리나라에서도 남의 일이 아닌 상황이 되었다. 군이나 면 단위의 농촌 지역은 대부분 이미 한계 상황에 도달하고 있다. 조금 빠르기도 하고 느리기도 하지만 큰 차이는 없다. 우리나라 고령화 진전 추세를 특징을 중심으로 살펴보자. 첫째, 우리나라에도 조만간 한계부락이 나타날 것으로 보인다. 우리나라는 2005년 27.6%$^{전국\ 228개\ 중\ 63개}$에 불과했던 시·군·구 중 초고령 사회* 비율은 불과 10년 만인 2015년 11월에 37.7%^{86곳}로 급증했다.

고령화에 더하여 저출산도 심각하다. 전국의 0~4세 아동 수는 2005년 238만2,350명에서 2015년 223만5,397명으로 6.2%가 감소했다. 고령화율이 30%를 웃도는 지역도 24개나 된다. 전남 고흥$^{38.5\%}$, 경북 의성$^{38.2\%}$, 군위$^{37.5\%}$, 경남 합천$^{36.4\%}$, 전남 신안$^{35.1\%}$, 전북 임실$^{34.8\%}$ 등은 40%를 향해 치닫고 있다. 노인은 급증하는데 아동은 감소한다. 이들 지역에서 곧 한계부락이 나타날 것이다.

둘째, 이와 같은 현상이 도시보다 농촌에서 두드러진다는 점이다. 8개 광역시 또는 특별시** 중에서 초고령 사회로 분류된 군이나 구가 있는 곳은 부산[3]

過과 인천[2]에 불과했다. 반면 도^道 지역에는 70개의 초고 령 시·군·구가 집중되었다. 경기[3], 강원[6], 충북[5], 충남[10], 전북[10], 전남[17], 경북[17], 경남[11]이 그곳이다. 경기는 서울과 함께 메갈로폴리스^{*Megalopolis***}를 구성하고 있다는 점을 고려하면 도농 간의 격차가 심각한 수준에 도달했음을 알 수 있다.

*** 거대 도시군(都市群)

농촌 지역 내에서도 시보다는 군 지역의 고령화가 훨씬 심각하다. 경남을 예로 들면 8개 시 가운데 초고령 사회인 곳은 밀양시뿐이다. 반면 농촌 지역인 10개 군은 모두 초고령 사회이다. 전북도 시 지역은 6개 중 2개만 초고령 사회인 반면 군 지역은 8개 중 7개가 초고령 사회이다. 농촌 지역 내에서도 도시화의 추세가 나타나는 것이다.

일본은 문제가 더 심각해졌다. 사람이 늙어가는 문제를 넘어서 없어지기 시작한 것이다. 사람이 실종되었다는 이야기가 아니다. 공가주택^{空家住宅}의 문제가 발생했다는 것이다. 한자에는 공가^{빈집}에 주택이 사족처럼 붙어있으니, 그냥 우리말로 하면 '빈집'이다. 우리도 명절에 고향 마을로 들어가다 보면 다 쓰러져가는 수수깡 한옥을 종종 본다. 사람이 살지 않아 허물어져서 벽이 뚫리고 그 속에 벽체의 철근 역할을 하는 수수깡이 보이는 집이다.

일본은 한계부락에서 노인들이 하나씩 둘씩 수명을 다하면서 생겨나는 빈집이 사회 문제로 번지고 있다. 수명을 다하는 노인들의 빈자리를 채울 만큼 새로운 아이들이 태어나야 하는데 그렇지 못한 것이다. 100명을 수용하기 위하여 집을 100채를 지었는데, 사람이 줄어 50명이 되면 50채는 사람이 살고 50채는 빈집이 되는 것은 당연한 이치이다. 집이 먹어 없어지는 것도 아니고 한번 지어놓으면 짧게는 30년에서 길게는 수백 년을 가는 것이다. 사람이 줄면 빈집은 늘게 되어 있다.

일본은 동경도 이미 빈집이 10%를 넘어섰다고 한다. 이 빈집은 다양한 사회적 문제를 일으킨다. 폐가가 되면 미관상으로도 흉물이 되고 각종 범죄자가 몰래 들어가 우범 지역으로 바뀔 가능성도 있다. 빈집도 원래 주인은 있는 법이어서 대체로 상속받은 자식이 주인인 경우가 많은데, 그들에게도 집이 있고 생활 터전도 달라 빈집으로 놔둘 수밖에 없는 실정이다. 빈집 상태가 장기화하면 주택이 급속도로 노후화하는데 집을 허무는데 들어가는 비용도 만만치 않아 방치되는 것이 일반적이다. 이런 빈집이 사회 문제가 되어 자치단체 차원에서 해결 방안을 찾으려고 하나 쉽지는 않은 것 같다.

빈집은 일본보다 우리나라에서 더 복잡한 문제가 될 것이다. 우리는 아파트라는 집단주택에 살기 때문이다. 일본 단독주택이야 문을 걸어 잠가 놓으면 빈집인지 알기 어렵다. 그리고 문제가 될 것 같으면 자치단체에서 집을 허물어도 된다. 그러나 빈 아파트는 표시가 안 날 수 없다. 빈집만 철거할 수도 없다. 아파트 절반이 불이 꺼져 있는 상황을 상상해보라. 칠흑 같은 아파트 단지에서 살 수 있을까? 무서워서 살지 못할 것 같다.

실제로 지난번 서브프라임 사태 이후 경기도 모 지역의 2,000세대 급 아파트 단지가 준공 후 미분양 상태로 한동안 남아있었는데 소송 장기화로 한 동에 몇 개 아파트만 불이 켜져 있는 상태가 몇 년을 지속하였다. 그 당시 몇 안 되는 입주민들은 '귀신 나올까 무서워서 못 살겠다'는 말을 입에 달고 살았다. 인구 감소 시대, 아파트도 잘못 고르면 수도권 타운하우스처럼 되기에 십상이다.

모든 부동산은
가격이
하락한다.

한계부락의 문제가 발생하면 집을 팔기가 어려워진다. 왜냐하면, 그것을 받아줄 젊은이가 없기 때문이다. 80세의 노인이 죽으면 20세의 젊은이가 새로 결혼해서 그 집을 사줘야 한다. 60년이면 세대가 두 번 지나는 셈이니, 합계출산율 1.25명이면 80세 노인 4명당 20세 젊은이는 1.56명이다. 도저히 집을 채울 수요가 없다. 한계부락의 문제를 넘어서 빈집이 사회 문제가 되기 시작하면 아파트는 가격이 실종될 가능성이 커진다. 공급만큼 수요가 따라가지 못하는 상황이면 가격이 하락하는 것은 두말할 나위가 없다. 가격 하락에 서울과 지방의 차이는 없다.

예를 들면 종로—일산—파주로 이어지는 주거 라인을 가정해보

자. 주택가격은 단순하게 종로 〉 일산 〉 파주라고 하자. 파주가 가격이 내려가면 일산의 가격도 내려가게 된다. 파주의 아파트 가격이 충분히 하락하면 일산 사람들은 파주로 빠져나가고 일산의 가격도 하락하게 된다. 그다음은 종로이다. 하락률의 차이는 있겠으나 하락을 피할 수는 없다. 누군가 '역세권 불패'를 이야기하는 것 같다. 이것은 매우 잘못된 생각이다. 종로 가격이 하락하듯이 역세권도 당연히 하락한다. 상대적으로 덜 하락하는 정도이다. 다른 곳에 비해서 그나마 쓰임이 있는 지역이 될 뿐이다.

집값의 시간 궤적*Time trajectory*을 생각해보면 지금부터 몇 년은 조금 더 오름세를 탈 수 있다. 그러다가 디플레이션이 시작되는 시기까지는 횡보 구간이 될 가능성이 크다. 물론 대략적인 모습이 그럴 것이라는 말이고, 부동산 가격도 가격이므로 상승과 하락을 반복할 것이다. 그러다가 디플레이션이 시작되면 주택가격은 일시에 비교적 큰 폭으로 조정을 받고 그 이후부터는 약보합 상태를 유지해나갈 가능성이 크다.*

주택만이 문제는 아니다. 근린생활시설도 문제이다. 주택과 근린생활시설은 함께 상호작용하면서 가격이 하락하게 되어 있다. 다음과 같은 프로세스로 하락한다. 일단 마을 전체에 아이들이 몇 명 안 되므로 초등학교 운영이 어려워진다. 학교는 통학버스를 운행하여 어떻게든지 유

* 일본만큼 큰 폭은 아닐 것이라는 점은 미리 설명한 바 있다.

지한다고 할 수 있을 것이다. 그러나 유치원과 보습학원은 다 문을 닫는다고 봐야 한다. 학교 앞 문방구, 소아과병원 역시 마찬가지다. 그 외에도 어린이와 관련된 모든 시설은 다 영업 정지다. 이 정도 되면 그나마 몇 안 되는 아이들도 이사할 수밖에 없다. 살기가 너무 불편해서다. 아이들과 함께 젊은 부부도 이사한다. 마을에는 노인만 남는다.

노인들은 소비가 극히 제한적이다. 기초적인 생필품과 고령에 관련된 소비만 남는다. 이렇게 되면 마을의 슈퍼마켓이나 편의점과 같은 근린생활시설도 살아남지 못한다. 이렇게 마을을 빠져나간 근린생활시설들은 지역의 중심지에서만 살아남을 수 있다. 철저하게 규모와 범위의 경제다. 시간이 지날수록 황폐해지는 아파트 단지가 나타나게 될 것이다. 그리고 그 아파트 단지의 근린생활시설로 지어놓은 상가 건물도 타격을 받게 될 것이다. 이것은 임대료가 비싸고 싸고의 문제가 아니다. 아무리 임대료를 싸게 내준다고 하더라도 빈집이 되어버린 마을에는 별로 답이 나오지 않는다.

그렇다면 어떻게 대응할 것인가? 포트폴리오의 비중을 조정해야 한다. 부동산은 조금씩 줄여나가고 금융자산과 현금의 비중은 늘려가는 것이 옳다. 부동산 투자는 국내로 한정될 수밖에 없지만, 금융자산은 세계시장으로 넓히는 것이 가능하다. 성장 지역의 시장에 투자를 원한다면 인덱스펀드도 가능하다. 개별 종목에 대한 투자도 가능하고 원자재 등 상품 투자도 가능하다. 잘 살펴보면 글로벌 투자기회는 너무나 많다.

더구나 지금 세계 경제는 이제 서브프라임 경제위기의 망령에서 벗어나는 모양이다.[*] 아직 완연한 회복국면으로 접어들었다고 할 수는 없지만, 위기 국면은 지났다. 이제부터는 위험자산의 시대다. 당분간은 안전자산인 국채 투자는 권하고 싶지 않다. 주요국 기준금리가 다 마이너스나 제로금리 상태여서 더는 낮아질 가능성이 크지 않다. 오히려 향후 언젠가는 인상 기조로 돌아설 것이다.[**] 그렇다면 국고채 투자는 손실을 볼 수밖에 없다.

다시 한 번 말하지만, 디플레이션 시대에 모든 부동산은 가격이 하락한다. 현금에 비교해서 열등한 자산이 된다는 말이다. 다만 모든 부동산이 같은 하락률을 기록하지는 않을 것이다. 종류와 위치 등 개별 속성에 따라 천차만별이 될 것이다. 어떤 것은 소폭 조정으로 끝나고, 어떤 것은 대폭 조정이 불가피하며, 어떤 것은 아예 가격이 없어질 것이다.[***] 이제부터 부동산의 특성별 차이에 관해서 기술하겠다.

[*] 유럽 재정위기는 서브프라임 경제위기로 인하여 파생된 위기이다.

[**] 당분간은 저금리 기조가 유지될 것이다. 다만 금리 정책의 기조 변화가 시작될 것이다. 비록 완만하기는 하겠지만.

[***] 팔리지도 않는다는 뜻이다.

수익형
부동산,
재평가된다.

수익형 부동산의 미래는 어떻게 될까? 서울 시내 최상급 부동산의 공실률 전망에 관해서는 이미 앞에서 충분히 말했다. 그래서 어떻게 될 것인지에 관해서만 이야기해보자. 사실 업무용 부동산, 근린상가, 오피스텔, 주거용 부동산 임대사업이 모두 마찬가지다. 현재 임대사업 수익률은 3~6% 사이가 나온다. 업무용 부동산은 대체로 3%에 미달하고, 아파트나 오피스텔도 6%를 받기는 쉽지 않은 것이 사실이다. 사실 아파트 임대수익률도 최근에는 더 내려왔다. 반전세 공급이 늘면서 임대료가 경쟁적으로 인하된 측면이 있다.

이런 임대수익률은 장기적으로 지속할 수 없다. 오피스텔 임대를 놓고 생각해보자. 먼저 감가상각비이다. 25년 정도를 적정 감가상각 기간이라고 하면 최소 4%의 수익이 매년 감가상각비로 적립되어야 한다.* 다음은 공실 기간이다. 연간 0.5~1개월은 각오해야 한다. 지금은 주택보다 사람이 많아서 계속 차서 돌아가지만, 항상 그런 것은 아니다. 업무용 부동산은 연간 15일 정도가 정상적인 공실 기간이다.

주거용 부동산도 그 정도는 각오해야 한다. 공급초과 시기가 오는 것이 확실하기도 하거니와 세입자 권리가 점점 더 강화되어 발생하는 보이지 않는 비용도 상당하다. 사실 원룸과 같은 시설은 이미 공실이 꽤 많이 발생하고 있다. 단순 유지보수를 위한 수리비용도 만만치 않다. 세입자가 바뀔 때마다 벽지도 갈아야 한다. 여기에 투자자의 요구수익률이 더해져야 한다. 불이 나거나, 갑자기 경제위기가 발생하면서 공실률이 치솟거나, 세입자가 속을 썩이는 리스크 등을 고려하면 4~5%는 되어야 한다.

이외에도 중요한 것이 있다. 디플레이션 시대이므로 자본 손실Capital loss을 넣어야 한다. 건물 가치가 하락하여 발생하는 손실이다. 더해보자. 감가상각률 4%, 요구수익률 4~5%, 공실률 및 관리비 1~2%, 여기에 자본 손실 비용까지 합하면 최소 10% 이상의 수익률이 나와야 수익형 부동산에 투자할 가치가 발생한다.

일본 수익형 부동산의 적정 임대료는 13% 정도에 형성되어 있다. 그래서 일본의 임대료에 투자하는 펀드들이 있다. 우리나라에서는 모 증권사가 4% 수익을 보장하는 일본 부동산 투자 상품을 판매 운용 중이다. 이 상품은 판매하자마자 불티나게 팔려 펀드 설정 한도를 다 채웠다. 뒤이어 2호, 3호가 계속 판매되었고 그때마다 성공적으로 투자자를 모집했다. 4% 정도밖에 못 주는 이유가 감가상각비, 유지관리비, 공실률, 자본손실적립금, 외환 헤지 비용 등등 때문이다.

그런데도 이 상품의 미래는 불확실하다. 과거에 이미 우리보다 금융기법이 발달한 다른 나라에서 이런 펀드를 만들어 팔았었고 모두 결과가 좋지 못했다. 상식적으로 생각해보자. 일본의 기준금리가 0%인데 부동산 임대수익률이 13%에 형성되어있다는 것은 뭔가 이유가 있는 것이다. 엄청난 수익을 낼 기회인데 대명천지에 그런 기회가 동경 시내에 널려있을 수가 있을까? 일본의 와타나베 부인들이 바보라서 그것을 놔두고 3%짜리 해외 투자에 나설까? 수익형 부동산에서 13%는 절대로 좋은 수익이 아니다.

그렇다면 현재 3% 수익률 수준에서 형성되어 있는 수익형 부동산의 가치는 어떤 운명을 맞게 될까? 둘 중 하나다. 임대료가 올라가든지 아니면 건물 가격이 내려와서 수익률 10~13%를 맞춰내야 한다. 어느 쪽일지는 뻔하다. 디플레이션 시대, 미친 듯이 치솟는 공실률에 임대료가 올라갈 리는 없다. 경제는 점차 위축되어가고 기업의 사무실 임대 수요는 대폭 늘기 어렵다. 어쩌면 줄어들 가능성이 있다. 오피스텔도 임대료가 내려가면 내려갔지 올라가기는 힘들 것이다.

디플레이션으로 회사원의 월급도 하락하는 상황에서 지금도 월급으로는 감당하기 어려운 임대료가 서너 배 더 올라갈 수는 없다. 그리고 오피스텔 임대료가 더 올라가면 빈집이 언제든지 임대 매물로 나올 수 있다. 따라서 우리 상업용 건물도 결국 수익률이 10~13%대에 맞춰질 때까지 가격이 하락할 것이다. 단, 10~13%대의 임대료 수익이 보장되는 부동산도 입지가 좋아야 한다는 것이 전제 조건이다. 한계부락이나 공가주택이 밀집한 지역에서는 상업용 부동산도 빈집이 되어갈 것이기 때문이다.

다만 수익형 부동산의 종류에 따라 시기가 다를 것이다. 먼저 업무용 부동산은 지금도 이미 불안한 상태다. 공실률 14%의 상업용 부동산 시장은 역대 최고의 침체 상황이다. 그런데도 겨우 3%의 임대 수익률에 거래된다는 것은 도저히 이해할 수 없는 일이다. 외국인 관광객이 폭발적으로 증가해서 시청역이나 삼성역 근처의 업무용 시설을 호텔이나 판매시설로 바꿔야만 하는 상황이 온다 하더라도 공실률 14%는 메꾸기 쉽지 않은 수준이다. 더구나 사람을 기준으로 1인 365일을 채우려면 3일 관광객으로는 120명을 모아야 한다. 관광객이 웬만큼 몰려와서는 소용없다는 의미다.

주거용 오피스텔이나 원룸은 2020년까지는 수익률이 괜찮을 것이다. 주거용 오피스텔은 대체로 20~30대 싱글들이 잠재적 수요자이다. 통계청 인구 추계에 의하면 20~30대 싱글 가구는 2000년 142만 가구에서 2005년 185만 가구로 급증했다. 2020년에는 201만 가구로 증가세가 이어지다가 이후부터 감소세로 돌아서 2030년 179만 가구까지 줄어드는 것으로 추산한다.

만혼, 미혼 등 여러 가지 이유로 젊은층이 부모에게서 독립하여 혼자 사는 사회적 분위기가 만들어져 아직은 숫자가 느는 추세다. 그러나 증가 추세는 상당히 둔화하였고 2020년 이후로는 20~30대 싱글도 저출산의 덫에서 벗어나지 못할 것이다. 그러니 아직은 쓸만한 투자지만 2020년 이후에는 쉽지 않은 투자가 될 것이다.

근린생활시설용 부동산은 지금도 이미 자리에 따라 대접이 달라졌다. 기본적으로는 너무 공급이 많다. 특히 2기 신도시부터는 심하게 공급이 많았다. 근린생활시설 용지는 어디를 가도 초과 공급이다. 신도시 상가 중에는 1층이 공실인 상태로 남아있는 곳도 수두룩하다. 일부 지역은 근린생활시설을 줄여서 공급하기도 했지만, 요즘은 단지 내 상가들이 아파트 담장을 대신하면서 길거리 상가로 들어서고 있다. 또 단독주택지가 카페거리라는 상가주택 형태로 개발되

면서 그것마저도 공급 과잉이 되었다. 겉보기는 멋있어 보이지만 실
제로는 속 빈 강정이 대부분이다.

작은 것이
아름답다.

오피스텔은 이미 살펴보았다. 그렇다면 아파트의 미래는 어떨까? 아파트도 모두 장래가 어두운 것은 아니다. 최근 들어 서울의 대형아파트에 대한 재조명이 필요하다는 이야기가 한쪽에서 들린다. 서울에 아파트를 새로 짓기 어렵고, 대형아파트는 기존 물량으로 공급이 제한적이고, 따라서 사람들의 취향이 바뀌면 재조명되는 기회가 올 수 있다는 것이다. 한마디로 지금은 사람들이 대형아파트 버블 붕괴에 놀라서 아무도 안 쳐다보지만, 사람들이 다시 쳐다보기 시작하면 서울이나 1기 신도시 대형아파트는 귀하신 몸이 된다는 것이다. 과연 그럴까?

아파트의 주된 수요층인 30대 이후 연령층의 가구에 대한 추계를 보자. 먼저 우리나라 아파트 중 국민주택규모인 방 3개 30평형대 아파트는 그 어느 아파트보다 인기가 높다. 따라서 그 부분은 분석할 필요도 없다. 그렇다면 대형아파트에 대한 붐이 불 것인가, 이제 막 시작한 소형 아파트 선호가 지속할 것인가만 보면 된다.

이렇게 되면 우리가 고려할 연령층이 조금 더 좁혀진다. 소형 아파트는 40~50대 중에서는 싱글 가구와 60세 이상의 고령 가구가 주된 수요층이 될 것이다. 미리 말했듯이 20~30대 싱글들은 재산형성 상태, 주거지역이나 생활 방식 선호도 등의 문제로 아파트보다는 오피스텔을 선호하는 것으로 보는 것이 더 유효할 것이다.

그러면 40~50대 싱글 가구와 60세 이상 가구 수에 대한 추세와 전망은 어떨까. 이들은 2005년에 총 499만 가구로 전체 가구 수의 31%에 불과했으나 2030년에는 전체 가구 수의 56%, 총 1,114만 가구까지 늘어날 것으로 추계한다. 40~50대 싱글은 같은 기간 143만 가구에서 253만 가구로 110만 가구가 느는데 그칠 전망이지만, 60세 이상 고령 가구는 356만 가구에서 861만 가구로 대폭 증가한다. 대부분이 고령 가구다. 20~50대의 유자녀 부부 가구는[*] 저출산의 영향으로 그 수가 점점 줄어들 것이란 점은 설명할 필요도 없을 것이다. 이렇게 되면 2030년까지 대형아파트가 빛을 볼 수 있을까. 별로 가능성이 없어 보인다.

사실 중소형이 주도 평형으로 복귀하게 된 근본   * 자녀가 없을 수도 있지만.

원인은 전후 세대와 고령화라는 두 가지 요인이 겹쳐진 결과다. 결국은 이 둘 다 인구구조다. 먼저 전후 세대와 우리나라 주택시장의 구조적 변화를 보자. 1970~80년대 우리나라 아파트의 주도 평형은 20평형대였다. 20평형대에 방 세 개. 그것이 최고였다. 전후 세대들이 사회에 진출하면서 가정을 꾸리기 시작했다. 자가든 타가든 살 집이 필요했는데 아직 재산을 형성하지 못했으니 20평형 이상의 아파트를 장만한다는 것은 불가능했다. 그런데도 방은 3개가 꼭 필요했다. 당시에는 상대적으로 대가족이었기 때문이다. 그 당시 평당 단가가 가장 비싼 것이 20평형대 아파트였다.

1980~90년대는 30평형대의 시대였다. 우리나라 1인당 GDP도 1만 달러를 넘어 2만 달러 시대로 달려가고 있었고, 그 와중에 전후 세대들이 사회에서 과장, 차장으로 승진하면서 어느 정도 재산을 갖게 되었다.* 잘 먹고 자란 아이들의 키도 커져서 20평형대는 구조적으로 너무 작았다. 이렇게 30평형대가 평당 단가에서 가장 비싼 아파트로 등극했다.

2000년대가 되었다. 우리의 전후 세대도 사회에서 임원급으로 올라섰다. 40대 CEO도 나오던 시기였다. 사업을 벌인 사람들은 이제 제법 커다란 사업체를 갖게 되었다. 언제까지 30평형대 아파트에 살아야 할까. 좀 더 넓은 집에 살고 싶어졌다. 3,000cc급 6기통 엔진을 장착한

* 사업가는 회사가 어느 정도 자리를 잡기 시작했을 것이다.

대형차에 어울리는 널찍한 집에 살아보고 싶은 마음이 간절해졌다. 서울에는 대형아파트를 더는 지을 땅이 없었다. 1기 신도시도 마찬가지였다.

아직 빈 땅이 많이 남은 곳. 용인이 적격지였다. 처음에는 50평형대가 작은 축에 속했다. 60평형대가 일반적인 규모였고, 크게는 80평형대까지 분양되었다. 너도나도 대형아파트 분양시장으로 몰려갔다. '자고 나면 1억 원씩 오른다'고 할 정도로 아파트 가격이 급등했다. 분당은 주상복합이 대박을 터뜨렸다. 전용률이 60%밖에 안 되는데도 평당 단가는 일반 아파트보다 비쌌다.** 노무현 대통령의 균형발전정책이 부동산 시장의 투기를 자극한 측면도 있었다.

대형아파트든 주상복합이든 하나 맞으면 로또였다. 광기가 시장을 지배했다. 그리고 2008년 서브프라임 버블 붕괴가 일어났다. 아파트 가격은 급락하기 시작했다. 특히 대형아파트의 가격 내림세가 가팔랐다. 보통 30~40% 가격이 내렸다. 아직 대형아파트의 환상에 취해있던 사람들이 급매물을 사들이기 시작했다. 2009년 말에는 내렸던 가격의 상당 부분이 회복되었다. 그러나 대형아파트는 아직 제대로 회복하지 못했다.

드디어 사람들이 광기에서 벗어나 침착하게 시장을 보기 시작했다. 아이들은 다 출가하고 부부만 덩그러니 남은 전후 세대들은 이제 큰 집이

* 대부분 아파트는 전용률이 80%에 달한다. 주상복합은 구조적인 문제로 공용면적이 너무 크다.

필요 없어졌다. 이제 작은 것이 아름다운 세상이 시작된 것이다. 이번 중소형 평형 시대는 오래갈 것이다. 이전의 선호 평형 변화가 10년 정도의 사이클을 가지고 진행됐다면 지금의 중소형 평형 선호 현상은 30년 이상 진행할 것이다. 고령화, 즉 수명연장이 그 원인이다.

말은 제주도로,
사람은
서울로

우리 속담에 '말은 태어나면 제주도로 보내고 사람은 태어나면 서울로 보내라'는 말이 있다. 이것이 옛날 속담만은 아니다. 지금도 금과옥조金科玉條처럼 마음에 새기고 지켜야 할 원칙이다. 사실 이 원칙은 알게 모르게 우리 생활에 녹아있다. 서울에서 살다가 지방으로 이사하고 싶은 사람은 별로 없다. 국토균형발전정책으로 직장이 지방으로 내려간 사람들은 서울에 집을 놔두고 기러기 아빠 생활을 한다. 과거에는 해외로 공부하러 보낸 자식 때문에 글로벌 기러기 아빠를 했다면 이제는 직장 때문에 국내에서 기러기를 하게 된 것이다. 왜 가족이 따라 이전하지 않을까? 서울이 가진 경쟁력 때문이다.

기업 인사팀에는 '남방한계선'이라는 전문용어가 있다. 1953년 7월 27일에 체결한 '한국군사정전에 관한 협정'에 규정된 휴전 경계선인 군사분계선 남쪽 2㎞ 지점을 따라 그은 선이 남방한계선이다. 북방한계선은 북쪽 2㎞이다. 남방한계선과 북방한계선 사이 4㎞ 안에 들어가는 지역이 비무장지대^{DMZ: Demilitarized Zone}다.

기업에서는 좀 다른 의미로 쓰인다. 기업에서 남방한계선은 분당이다. 기업 소재지가 분당보다 아래로 내려가면 인력 충원이 어려워진다는 말이다. 분당까지는 서울에서도 출퇴근할 수 있다. 또는 분당 정도면 살만하기도 하다. 서울로 일 보러 나가는 데 전혀 불편함이 없다.

그러나 분당에서 조금만 더 아래로 내려가면 직원 뽑기조차 힘들다. 왜 그럴까? 그것은 서울만이 가진 규모와 범위의 경제 때문이다. 직장, 교육, 생활, 주거, 쇼핑, 병원, 문화, 교통 등 모든 면에서 서울은 국내 최고의 경쟁력을 갖추고 있다. 정확하게는 네트워크 효과라는 것이다. 사람이 많이 모일수록 더 많은 것이 가능해지므로 사람들이 많이 모인 곳으로 사람들이 모일 수밖에 없다.

이것이 도시화의 핵심이다. 사람들이 도시로 모이는 이유다. 꼭 서울이 아니어도 마찬가지다. 군·면 지역보다는 시 지역이 더 인기고, 시보다는 광역시가 더 좋다. 그리고 대한민국 모든 도시의 제왕은 역시 서울이다. 다른 모든 도시가 한계부락이 되고 난 이후에나 서울은 한계부락이 될 것이다.

* 노원, 왕십리, 천호, 사당, 영
등포, 가산, 마곡 등이 주변역
세권역에 포함될 수 있다. 강
서구는 마곡이 새롭게 건설되
면서 중심이 이동하고 있다.

　서울도 지역에 따라 천차만별이다. 서울의 어디가 더 좋고 덜 좋은지 따져보려면 지역별 입지 경쟁력을 따져봐야 한다. 먼저 서울은 자연 발생 도시의 전형적인 다핵 구조 형태로 성장해왔다. 4개 중심상업권역과 다수의 주변역세권역으로* 구성되어 있다.

　중심상업권역은 시청권, 강남권, 여의도권, 잠실권으로 구성된다. 이중 가장 상권이 큰 곳은 시청권과 강남권이다. 여의도는 금융과 증권 전문 타운으로 형성되어있다. 잠실권은 상대적으로 작을뿐더러 특색이 없는 편이다. 롯데 100층 건물이 완공되면 잠실권 규모도 다소 커지기는 할 것이다. 삼성역과 잠실운동장 사이의 지하 개발 계획은 잠실권과는 큰 관계가 없다고 보는 것이 맞다. 삼성역과 잠실권 사이에는 종합운동장이 자리 잡아 상호 연계를 저해하기 때문이다. 다른 지역은 이들 4개 중심상업권역과 주변역세권역과의 연계성을 놓고 향후 가치 변화를 따져보면 될 것이다.

　서울을 벗어나면 무조건 1기 신도시다. 새롭게 도시를 만들어 놓아서 계획적으로 개발되었고, 서울의 경쟁력을 누릴 수 있는 거리에 자리 잡고 있다. 근본적으로는 출퇴근 거리다. 사람이 장기적으로 견딜 수 있는 출퇴근 거리는 30분 이내라고 한다. 따라서 서울시청에서 그리고 강남역에서 30분 거리는 1기 신도시다. 그중에서도 일산과 분당이다. 최고는 강남권으로 연결되는 판교·분당권이고, 다음은 시청권으로 연결되는 일산·고양권이다. 다만 분당과 일산은 리모델링의 재료를 봐야 한다는 점은 앞에서 이미 기술한 바 있다.

위례, 미사 등 새롭게 개발되는 지역은 잠실권, 삼성역권 연계 택지지구로서 그 가치가 잠실권과 삼성역권의 성장과 맞물린 것으로 봐야 할 것이다. 반대로 마곡은 중심상업권역의 연계지구라기보다는 독자 발전을 하는 하나의 새로운 주변역세권역으로 보는 것이 타당하다. 1기 신도시의 뒤를 잇는 것은 경기도 권역의 대도시들과 광역시로 보면 될 것이다.

역세권은
불패할까?

역세권으로 관심을 옮겨보자. 혹자는 디플레이션 시대에서도 '역세권 불패'를 주장하고 있는 모양이다. 혹세무민惑世誣民이다. 역세권에도 불패는 없다. 기본적으로 모든 부동산은 가격이 하락한다. 하락률의 차이, 환금성의 차이가 있을 뿐이다. 가격이 좀 덜 내리고 팔고 싶을 때 바로 팔 수 있는 곳이 역세권이라는 정도로 이해하기 바란다.

따라서 살 집을 사려면 역세권에 사는 것이 좋다. 그나마 역세권에 근린생활시설이 집중되어 생활 여건이 갖춰진 곳이 될 것이다. 역세권 중에서 우열을 가리려면 몇 가지 조건을 따져봐야 한다. ① 연계되는 중심상업권역이 어디인지, ② 단순 베드타운인지 아니면 자체적인 생산기능기업 등을 보유하고 있는지, ③ 정주 여건은 어떤지 등을 차례로 살펴보아야 한다.

단순히 지하철역이 하나 있다고 해서 역세권은 아니다. 건설회사나 분양업자들이 사용하는 '초역세권'과 같은 헛소리에 제발 속지 말고 직접 두 눈으로 확인하기 바란다. 역세권은 중심지역이라는 관점에서 봐야 한다. 예를 들어, 노원역은 멀리는 의정부와 별내지구에서 가깝게는 노원구와 도봉구 등 광범위한 지역의 중심이다. 그보다 작은 관점에서 역세권을 찾아보면 분당 정자동이다. 분당에서 중심지역은 정자역이다. 과거에는 서현역이 중심이었으나 신분당선이 개통하면서 무게중심이 정자역으로 옮겨왔다. 일반적으로 지하철 노선이 두세 개 정도는 겹치고, 다양한 생활편의시설이 포진하여 사람들이 모이는 곳이어야 한다.

아주 미세하게 들어가 보자. 이런 역세권에서도 또 어떤 입지를 골라야 하는지 따져보자. 오피스텔, 원룸은 교통연결시간이 입지 경쟁력을 결정한다. 지하철역과 바로 연결되어야 한다. 지하철 출입문과 건물 출입문이 바로 맞닿는 곳이면 더 좋다. 오피스텔과 원룸도 먼 미래에는 공급초과 상황이 도래할 것이다. 그때에는 지하철역과의 거리 차이에 수익성이 민감하게 반응할 것이다.

반대로 아파트는 정주성이 먼저다. 쾌적하고 안전하고 공해가 없는 곳을 먼저 따진다. 그다음이 지하철과의 거리이다. 지하철역 주

변은 시끄러워서 밤에 잠을 깊이 잘 수가 없다. 또한, 초등학생 등하
굣길이 안전하지도 않다. 따라서 지역에 따라 가감은 되겠지만 대체
로 도보로 십 분 정도의 거리가 가장 이상적이다. 십 분을 넘어서면
가치와 거리는 반비례한다.

독점지는
적기와 적정가가
없다.

독점지는 단 하나만 존재하는 곳을 말한다. 위치지대와 독점지대가 결합한 형태라고 볼 수도 있다. 이 세상에 단 하나만 존재하는 곳. 예를 들면 광화문 네거리 교보빌딩은 대체재가 없다. 물론 이 세상의 모든 부동산은 다 대체재가 없다고 할 수도 있을 것이다. 그러나 독점적인 지위를 누리는 관점에서 말하는 것이다. 다시 말하면 정말로 좋은 목, 그 주변에서 다른 경쟁자를 찾을 수 없는 목을 말하는 것이다.

그런 곳은 좀처럼 매물로 나오지 않는다. 매물이 나와도 주인이 부르는 게 값이다. 이런 곳은 구매 의사가 있다면 매물이 나왔을 때가 매수 시기이다. 물론 완전한 독점지라는 곳은 없다. 어느 정도 대체재가 있는 법이다. 하지만 대체재도 매물로 잘 나오지 않기 때문에 시기를 선정하기 힘들다. 상가, 오피스텔, 아파트, 전원주택 등 어떤 것에도 독점지라고 부를 만큼 좋은 자리는 있다.

다만 수익형 부동산과 주거용 부동산은 접근 전략에 다소 차이가 있다. 주거용 부동산, 즉 아파트나 전원주택과 같은 물건은 상대적으로 매물이 많이 나온다. 따라서 부동산 침체기나 경제위기가 매수 시기가 된다. 매수자 우위 시장에서 급매물을 마음껏 골라 사면 그뿐이다.

어떤 사람들은 이런 물건을 경매로 사려고 하는데, 경매는 여러모로 신경 쓰이는 부분이 있으니 그냥 부동산 시장에서 매매하는 것이 더 편리하다. 대부분이 급매물이라 경매와 가격 차이가 나는 것도 아니다. 다만 내가 원하는 좋은 물건이 경매로 나오는 수도 있으니 선택의 다양성을 확보하는 차원에서 고려하면 된다.

수익형 부동산은 매물을 찾기가 만만치 않다. 특히 독점지라고 부를 만큼 좋은 물건은 더욱 어렵다. 월세가 또박또박 나오는 물건을 팔려고 내놓는 경우가 별로 없기 때문이다. 이런 물건이 나오는 경우는 갑작스러운 목돈 마련이나 상속 등의 경우이다. 매물로 나와도 가격도 높다. 따라서 이런 물건은 경매시장이 다양한 매물을 찾을 수 있는 곳이다. 토지도 경매시장을 활용하는 것이 좋다.

경매시장은 부동산 호황기에는 쳐다볼 필요도 없다. 경제위기가 발생하고 난 이후에나 찾아볼 것을 권장한다. 경제위기 이후 경매 물건이 나오는 순서는 아파트나 주택이 먼저다. 그다음으로 상가 등 수익형 부동산이 나온다. 아파트가 먼저 나오는 이유는 법적 권리관계가 상가보다 상대적으로 간단하여 단기간에 소송이 끝나기 때문이다. 수익형 부동산이나 건설 중인 건물 등은 시간이 오래 걸려 뒤늦게 경매에 나온다. 경매는 매우 훌륭한 접근 방법임은 틀림없지만, 법적 권리관계 등이 매우 복잡하므로 전문 변호사와 상의가 필요하다.

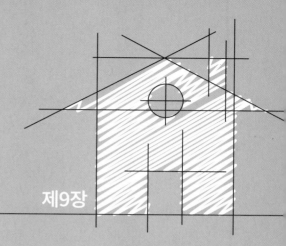

제9장

부동산,
새로운 눈으로
보라.

매수
시기가
중요하다.

이제 매수 시기에 관해 이야기해보자. 지금쯤 되면 독자들은 많이 헷갈릴 것이다. 부동산의 미래가 어떻게 된다는 것인지, 너무 많은 정보가 혼재해 있는 기분이다. 그래서 새로운 눈으로 정리하자. 먼저 지방 부동산은 매수 시기가 아니다. 신규 분양도 물론 아니다. 수도권은 전반적으로 버블이라고 하기에는 조금 이르며, 종류에 따라 다르게 봐야 한다.

서울 강남 재건축은 과열인 것으로 판단한다. 다른 아파트값은 높지도 낮지도 않은 수준이다. 다만 리모델링 대상 아파트는 아직 저평가된 상황이다. 수익형 부동산은 정상적인 가격이 아닌 것이 확실하다. 이 정도가 현재 상태다. 저평가된 것은 지금 사도 나쁘지 않다. 살 집을 찾는다면 역세권을 중심으로 찾을 것을 권한다. 그런 것이 아니라면 지금은 매수 적기가 아니다.

　중기적으로는 어떨까? 먼저 인구구조로 보면 향후 10년은 부동산 가격 상승세가 지속할 듯하다. 다만 이번 부동산 사이클이 다 돌고 저점으로 들어가면 그때가 매수 적기다. 이때 아파트는 중소형이 여전히 선도 평형이 될 것이다. 수익형 부동산은 그때 가서 공실률이나 수익률을 보면서 매수를 결정해야 한다. 공실률이나 수익률이 충분히 매력적이라면 좀 더 적극적으로 과감하게 도전할 필요가 있고 그렇지 않다면 선별적으로 접근해야 한다. 현금 비중을 높여가는 것이 중요한데, 그렇다고 무조건 팔기만 할 것은 아니다. 매매 기회는 틀림없이 존재할 것이다. 다만 점차 현금 비중을 높여가라는 것이다. 물론 부동산을 고르는 요령은 앞에서 기술한 모든 원칙을 종합해서 적용해야 한다.

　장기적으로 디플레이션 구간에 들어갈 때 대응은 이렇게 한다. 먼저 앞에서 여러 번 말했듯이 현금 비중을 높이면서 준비하는 것이 중요하다. 경제가 디플레이션 구간으로 진입하게 되면 초기에 상당한 가격 조정이 발생할 것이다. 주식시장뿐만 아니라 부동산 시장에도 미래에 예상되는 모든 재료가 먼저 반영된다. 먼저 반영되고 나면 그때가 매수 적기가 될 것이다.

　물론 이후에도 가격이 더 하락할 가능성이 있다. 포트폴리오를

100% 금융자산으로만 채우겠다면 부동산은 처다보지 않아도 된다. 그러나 일정 부분 부동산을 보유할 계획이라면 이때가 타이밍이다. 추가적인 가격 하락이 있다고 해도 매우 점진적인 하락이 될 것이고. 또한, 부동산 가격이 하락하는 만큼 다른 모든 물가도 하락할 것이기 때문에 상대적으로 가치방어가 될 것이다. 예를 들어 임대료가 하락 조정되면 생활비도 그만큼 적게 들 것이라는 말이다.

더
중요한 것은
사람이다.

부동산을 고르는 것은 정말 어렵다. 그만한 안목을 갖고 태어나기도 어렵고, 또 안목을 키우기 위해 매일 돌아다니는 것도 쉬운 일이 아니다. 어떤 기준으로 부동산을 골라야 할까? 가장 중요한 것은 사람이다. 사람이 부동산을 사용하기 때문이다. 사람이 몰리는 곳을 찾으면 대체로 큰 실수가 없다. 또 해당 지역에서 가장 비싼 물건을 찾으면 대체로 무난하다.

사람이 많이 몰린다고 해서 청약 광풍 같은 데에 동참하라는 말은 아니다. 그런 데는 대체로 버블인 경우가 많다. '어디가 좋다', '어디가 돈 번다'고 해서 몰려가는 것은 100% 잘못된 선택이다. 내가 '사람이 몰리는 곳'이라고 하는 것은 '투자 차원에서 선택하는 곳'이 아니라 '실사용자가 사용하기 위해 선택하는 곳'을 말한다.

상가는 사람들이 몰려들어야 장사가 된다. 사람이 빠져나가면 건물이 아무리 훌륭하고 멋지게 거리가 조성되어도 소용없다. 같은 건물에도 1층이 제일 비싸다. 2층은 가려고 하지 않는다. 엘리베이터나 에스컬레이터를 설치해도 마찬가지다. 한 층이라도 더 올라가려고 하지 않는다. 지하는 특히 더 싫어한다.

유발 하리리는 그의 저서 〈사피엔스〉에서 인류의 역사는 '편리함의 추구'라고 말한다. 들판으로 곡식을 주우러 가는 것이 힘드니 집 앞에 재배하기 시작했고, 닭을 잡으러 쫓아다니는 것이 힘들어 가축화해버렸다. 에스컬레이터를 타면 2층으로 가는 것이 전혀 불편하지 않다. 그래도 싫어한다. 우리의 뇌에 '그것은 불편한 것이야'라고 코딩이 되어 있어 본능적으로 싫은 것이다. 가격은 이런 사람들의 선호를 반영하여 결정된다.

부동산을 보고 그게 얼마짜리인지 따져보는 것은 어렵다. 그것을 전문적으로 하는 직업이 감정평가사이다. 이 시험은 합격하기가 매우 어렵다. 어려운 과목이 한둘이 아니다. 그래서 감정평가사는 전문직이고 수입도 좋다. 그러나 부동산을 고르는 안목은 이런 것이 아니다. 오히려 안목을 키우기는 매우 쉽다. 나는 사람들이 어떤 선택을 하는지 유심히 관찰할 것을 권한다. 자신까지 포함해서 말이다. 상가는 왜 1층을 가장 선호하는지 이미 말했다. 2층은 불편하고 지하는 꺼린다.

길이 새로 만들어지면 어떨까? 신분당선을 보자. 분당의 정자동 카페거리는 소위 '카페거리'라는 것의 원조로 주변 사람들이 몰리던 곳이었다. 그러나 신분당선이 개통되면서 그 손님의 상당수를 강남역으로 빼앗겨버렸다. 광교 상가 단지도 마찬가지다. 신분당선 연장선이 연결되면서 장사가 예전만 못하다.

성업하던 바닷가 끝자락 횟집 타운은 도로가 연륙교로 연장되어 섬까지 들어가면 장사에 호재일까, 악재일까? 무조건 악재다. 연륙교가 생기면 손님이 더 몰려와 호재라고 생각하지만, 실상은 그렇지 않다. 사람들은 중간에 기항하지 않는다. 연륙교를 바로 건너 섬 끝자락에 있는 횟집 타운에 몰린다.

좀 다른 관점에서 보자. 사람들은 여러 가지 일을 한 곳에서 한 번에 해결하고 싶어 한다. 또 선택의 다양성이 있는 곳을 좋아한다. 판교 현대백화점 지하 식당가가 개점하면서 그 유명했던 아브뉴 프랑이 시들해지게 된 것이 바로 선택의 다양성이다.

무수히 많은 사례를 이야기할 수 있다. 그러나 그 많은 사례를 다 설명할 수는 없다. 직접 보고 깨달아야 한다. 나 같으면 어떻게 할까, 남들은 어떻게 하나? 평소에 사람들의 행동 양식을 살피는 연습을 해보라. 자연스럽게 눈이 떠진다. 그런 안목이면 여러분도 충분히 부동산 투자에 성공할 수 있다. '30억 부자'를 꿈꿔도 좋다. 어차피 아무것도 하지 않는 것보다는 무엇이라도 하는 것이 좋다.

디플레이션 시대가 온다고 해서 기회가 없는 것은 아니다. 기회는 만들기 나름이다. 시장을 보는 혜안과 부동산을 고르는 안목, 그리고 저지를 수 있는 용기만 있으면 된다.